Thomas Bernhard
Wittgensteins Neffe

Büchergilde Gutenberg   Die Kleine Reihe

Thomas Bernhard
Wittgensteins Neffe
Eine Freundschaft

Büchergilde Gutenberg
*Frankfurt am Main
Olten Wien*

Alle Rechte vorbehalten. © Suhrkamp Verlag Frankfurt am Main 1982.
Mit freundlicher Genehmigung
für die Mitglieder der Büchergilde Gutenberg.
Ausstattung Juergen Seuss, Niddatal bei Frankfurt am Main.
Umschlagzeichnung Georg Eisler, Wien.
Satz Dörlemann-Satz, Lemförde. Schrift Kolonel Garamond
auf Lichtsatzsystem Digiset 200 T 2. Druck Color- und
Offsetdruckerei Richard Wenzel, Goldbach-Aschaffenburg.
Bindearbeiten Großbuchbinderei Monheim (R. Oldenbourg).
Printed in Germany 1985. ISBN 3 7632 3056 4

Wittgensteins Neffe

Zweihundert Freunde werden
bei meinem Begräbnis sein
und du mußt an meinem Grab
eine Rede halten.

Neunzehnhundertsiebenundsechzig legte mir auf der *Baumgartnerhöhe* eine der im dortigen Pavillon Hermann unermüdlich tätigen geistlichen Schwestern meine gerade erschienene *Verstörung*, die ich ein Jahr vorher in Brüssel in der rue de la croix 60 geschrieben habe, auf das Bett, aber ich hatte nicht die Kraft, das Buch in die Hand zu nehmen, weil ich ein paar Minuten vorher erst aus einer mehrstündigen Narkose aufgewacht war, in die mich jene Ärzte versetzt hatten, die mir den Hals aufschnitten, um aus meinem Brustkorb einen faustgroßen Tumor herausoperieren zu können. Ich erinnere mich, es war der Sechstagekrieg und als Folge meiner radikal an mir vorgenommenen Cortisonbehandlung entwickelte sich mein *Mondgesicht*, wie von den Ärzten gewünscht; während der Visite kommentierten sie dieses Mondgesicht auf ihre witzige Art, die selbst mich, der ich, nach ihrer eigenen Aussage, *nur noch Wochen, im besten Fall Monate* zu leben hatte, zum Lachen brachte. Im Pavillon Hermann gab es ebenerdig nur sieben Zimmer, an die dreizehn oder vierzehn Patienten erwarteten in ihnen nichts anderes als den Tod. Sie schlürften in hauseigenen Schlafröcken auf dem Gang hin und her und verschwanden eines Tages auf immer. Jede Woche einmal tauchte der berühmte Professor Salzer, die größte Kapazität auf dem Sektor der Lungenchirurgie im Pavillon Hermann auf, immer in weißen Handschuhen und mit einem ungeheuer respekteinflößenden Gang, beinahe lautlos umschwirrt von den geistlichen Schwestern, die ihn, der sehr groß und sehr elegant war, in den Operationssaal geleiteten. Dieser berühmte Professor Salzer, von welchem sich die Klassepatienten operieren ließen, weil sie alles auf seine Berühmtheit setzten (ich selbst hatte mich vom Oberarzt der Station operieren lassen, einem untersetzten Bauernsohn aus dem Waldviertel), war ein Onkel meines Freundes Paul, eines Neffen des Philosophen, dessen *Tractatus logico-philosophicus* heute die ganze wissenschaftliche, mehr noch die ganze pseudowissenschaftliche Welt kennt und gerade als ich auf dem Pavillon Hermann lag, lag mein Freund Paul auf dem Pavillon Ludwig an die zweihundert Meter weiter, welcher aber nicht, wie der Pavillon Hermann, zur Lungenabteilung und also zur sogenannten *Baumgartnerhöhe* gehörte, sondern zur Irrenanstalt *Am Steinhof.* Auf dem Wilhelminenberg mit seiner ungeheuren Ausdehnung im Westen von Wien, der seit Jahrzehnten in zwei Teile geteilt ist, eben in den für die Lungenkranken, der kurz als *Baumgartnerhöhe* bezeichnet wird und der mein Areal war und in den für die Geisteskranken, den die Welt als *Am Steinhof* kennt, der kleinere als *Die Baumgartnerhöhe,* der größere als *Am Steinhof,* haben die Pavillons männliche Vornamen. Es war schon ein grotesker Gedanke, meinen Freund Paul ausgerechnet im Pavillon Ludwig zu wissen. Wenn ich den Professor Salzer sah, wie er, ohne einen Seitenblick, auf den Operationssaal zustrebte, dachte ich jedesmal daran, daß mein Freund Paul seinen Onkel immer wieder abwechselnd ein Genie oder einen Mörder genannt hat und ich dachte beim Anblick des Professors, ging er nun in den Operationssaal hinein, oder kam er aus diesem heraus, geht nun ein Genie hinein oder ein Mörder, kommt ein Mörder heraus oder ein Genie. Von dieser medizinischen Berühmtheit ging für mich eine große Faszination aus. Ich hatte ja bis zu meinem Aufenthalt im Pavillon Hermann, der auch heute noch ausschließlich der Lungenchirurgie vorbehalten und vor allem auf die sogenannte Lungenkrebschirurgie spezialisiert ist, schon viele Ärzte gesehen und alle diese Ärzte auch, weil es mir schließlich zur Gewohnheit geworden war, studiert, aber der Professor Salzer hatte schon gleich vom ersten Augenblick an, in welchem ich ihn gesehen habe, alle diese Ärzte in den Schatten gestellt. Seine Großartigkeit in jeder Beziehung war für mich absolut undurchschaubar gewesen, er bestand für mich nur aus dem, den ich, wenn ich ihn beobachtete, gleichzeitig bewunderte und aus Gerüchten. Der Professor Salzer soll, so auch mein Freund Paul, viele Jahre *ein Wunderwirker* gewesen sein, Patienten ohne die geringste Chance sollen die Salzersche Operation *um Jahrzehnte* überlebt haben, andere wieder sollen ihm, wie mein Freund Paul immer wieder behauptete, infolge eines *plötzlichen unvorhergesehenen Wetterumschwungs unter dem nervös gewordenen Messer* gestorben sein. Wie auch immer. Der Professor Salzer, der tatsächlich eine Weltberühmtheit gewesen war und dazu auch noch ein Onkel meines Freundes Paul, hatte mich gerade deshalb nicht operieren dürfen, *weil* von ihm für mich eine solche ungeheure Faszination ausgegangen ist und auch, weil seine absolute Weltberühmtheit mir nichts als einen heillosen Schrecken eingejagt hatte, in welchem ich mich letzten Endes auch durch das, was ich von meinem Freund Paul über seinen Onkel Salzer *gehört* hatte, für den biederen Oberarzt aus dem Waldviertel und gegen die Kapazität aus dem Ersten Bezirk entschieden hatte. Auch hatte ich während der ersten Wochen meines Aufenthaltes im Pavillon Hermann immer wieder beobachtet, daß genau jene Patienten die Operation nicht überlebt haben, die der Professor

Salzer operiert hatte, eine Unglücksperiode der Weltberühmtheit vielleicht, in welcher ich auf einmal naturgemäß vor ihm Angst gehabt und mich für den Waldviertler Oberarzt entschieden habe, was, wie ich heute sehe, sicher ein Glück gewesen ist. Solche Spekulationen aber sind zwecklos. Während ich selbst den Professor Salzer jede Woche mindestens einmal, wenn auch zuerst nur durch den Türspalt gesehen habe, hat ihn mein Freund Paul, dessen Onkel der Professor Salzer schließlich gewesen war, die vielen Monate, die er auf dem Pavillon Ludwig gewesen war, nicht ein einziges Mal gesehen, obwohl, wie ich weiß, der Professor Salzer wußte, daß sein Neffe im Pavillon Ludwig untergebracht war und es wäre, so dachte ich damals, für den Professor Salzer sicher ein Leichtes gewesen, die paar Schritte vom Pavillon Hermann zum Pavillon Ludwig hinüber zu gehen. Die Gründe, die den Professor Salzer abgehalten haben, seinen Neffen Paul aufzusuchen, sind mir nicht bekannt, vielleicht waren es gravierende, vielleicht war es aber auch nur der Grund der Bequemlichkeit gewesen, der ihn an einem Besuch bei seinem Neffen hinderte, der, während ich zum ersten Mal auf dem Pavillon Hermann gelegen bin, schon oft im Pavillon Ludwig untergebracht war. Jährlich mindestens zweimal in den letzten zwanzig Jahren seines Lebens hatte mein Freund, immer von einem Augenblick auf den anderen und jedes Mal *unter den fürchterlichsten Umständen* in die Irrenanstalt Am Steinhof gebracht werden müssen, mit den Jahren in immer kürzeren Abständen immer wieder auch in das sogenannte Wagner-Jauregg-Krankenhaus bei Linz dann, wenn er in Oberösterreich, in der Nähe des Traunsees, wo er geboren und aufgewachsen war und wo er bis zu seinem Tod in einem alten, immer schon der Familie Wittgenstein gehörenden Bauernhaus ein Wohnrecht besessen hat, von einem Anfall überrascht worden war. Seine Geisteskrankheit, die nur als eine *sogenannte* Geisteskrankheit bezeichnet werden darf, war schon sehr früh aufgetreten, etwa, als er fünfunddreißig gewesen war. Er selbst hat darüber nur spärlich berichtet, aber es ist nicht schwer, sich aus allem, das ich von meinem Freund weiß, einen Begriff auch von der Entstehung dieser seiner sogenannten Geisteskrankheit zu machen. Schon in dem Kind Paul war diese sogenannte Geisteskrankheit, die niemals genau klassifiziert worden ist, angelegt gewesen. Schon das Neugeborene war *als ein geisteskrankes* geboren worden, mit jener sogenannten Geisteskrankheit, die den Paul dann lebenslänglich beherrscht hat. Mit dieser seiner sogenannten Geisteskrankheit lebte er bis zu seinem Tod dann auf das selbstverständlichste so, wie die andern *ohne* eine solche Geisteskrankheit leben. An dieser seiner sogenannten Geisteskrankheit hat sich die Hilflosigkeit der Ärzte und der medizinischen Wissenschaften insgesamt auf das deprimierendste bewiesen. Diese medizinische Hilflosigkeit der Ärzte und ihrer Wissenschaft hat dieser sogenannten Geisteskrankheit des Paul immer wieder die aufregendsten Bezeichnungen gegeben, aber naturgemäß niemals die richtige, weil sie dazu nicht befähigt war in ihrer Kopflosigkeit und alle ihre Bezeichnungen, diese sogenannte Geisteskrankheit meines Freundes betreffend, hatten sich immer wieder als falsch und als geradezu absurd herausgestellt und eine hat die andere immer wieder auf die beschämendste, gleichzeitig deprimierendste Weise aufgehoben. Die sogenannten psychiatrischen Ärzte bezeichneten die Krankheit meines Freundes einmal als diese, einmal als jene, ohne den Mut gehabt zu haben, zuzugeben, daß es für *diese* wie für alle anderen Krankheiten auch, keine richtige Bezeichnung gibt, sondern *immer* nur falsche, immer nur irreführende, weil sie es sich letzten Endes, wie alle anderen Ärzte auch, wenigstens *durch immer wieder falsche Krankheitsbezeichnungen* leichter und schließlich auf mörderische Weise bequem gemacht haben. Alle Augenblicke sagten sie das Wort *manisch,* alle Augenblicke das Wort *depressiv* und es war in jedem Fall immer falsch. Alle Augenblicke flüchteten sie (wie alle anderen Ärzte!) in ein anderes Wissenschaftswort, um sich (nicht aber den Patienten!) zu schützen und abzusichern. Wie alle anderen Ärzte verschanzten auch die den Paul behandelnden sich hinter der lateinischen Sprache, die sie zwischen sich und ihrem Patienten als einen unüberwindlichen und undurchdringlichen Wall aufrichteten mit der Zeit wie ihre Vorgänger seit Jahrhunderten nur zu dem alleinigen Zweck der Vertuschung ihrer Inkompetenz und der Vernebelung ihres Scharlatanismus. Als eine tatsächlich unsichtbare, aber doch wie keine andere undurchdringliche Mauer schieben sie das Lateinische zwischen sich und ihre Opfer schon gleich zu Beginn ihrer Behandlung, deren Methoden in jedem Fall nur die unmenschlichen und die mörderischen und die tödlichen sein können, wie wir wissen. Der psychiatrische Arzt ist der inkompetenteste und immer dem Lustmörder näher als seiner Wissenschaft. Mein ganzes Leben habe ich vor nichts mehr Angst gehabt, als in die Hände von psychiatrischen Ärzten zu fallen, gegen die alle anderen, ja letzten Endes auch immer nur unheilbringenden Ärzte, doch viel weniger gefährlich sind, denn die psychiatrischen sind in unserer heutigen Gesellschaft noch vollkommen unter sich und immunisiert und nachdem ich ihre an meinem Freund Paul so viele Jahre skrupellos praktizierten Methoden habe studieren können, fürchtete ich mich vor ihnen mit einer noch viel intensiveren Furcht. Die psychiatrischen Ärzte sind die tatsächlichen Teufel unserer Zeit. Sie betreiben ihr abgeschirmtes Geschäft im wahrsten Sinne des Wortes auf die unverschämteste Weise unangreifbar, gesetz- und gewissenlos. Als es mir schon möglich gewesen war, aufzustehen und ans Fenster zu gehen und schließlich sogar auf den Gang, um mit allen übrigen gehfähigen Todeskandidaten vom einen Ende des Pavillons zum andern und wieder zurück zu gehen und ich schließlich eines Tages sogar aus dem Pavillon Hermann hinausgetreten war, versuchte ich, bis zum Pavillon Ludwig zu kommen. Ich hatte meine Kräfte aber gehörig überschätzt und mußte schon vor dem Pavillon Ernst Halt machen. Ich mußte mich auf die dort an die Mauer geschraubte Bank setzen und mich zuerst einmal wieder beruhigen, um überhaupt selbständig wieder zum Pavillon Hermann zurückgehen zu können. Liegen die Patienten wochenlang oder gar monatelang im Bett, so überschätzen sie absolut ihre Kräfte, wenn sie wieder aufstehen können, sie nehmen sich ganz einfach zu viel vor und werden unter Umständen durch eine solche Dummheit wieder um Wochen zurückgeworfen, viele haben sich bei einem solchen urplötzlichen Unternehmen schon den Tod, dem sie zuerst durch eine Operation entgangen sind, erst recht geholt. Obwohl ich ein routinierter Kranker bin und mein ganzes Leben mit meinen mehr oder weniger schweren und schwersten, letzten Endes immer sogenannten *unheilbaren Krankheiten* zu leben gehabt habe, bin ich doch immer wieder in einen Krankheitsdilettantismus zurückgefallen, habe Dummheiten gemacht, unverzeihliche. Zuerst ein paar Schritte, vier oder fünf, dann zehn oder elf, dann dreizehn oder vierzehn, schließlich zwanzig oder dreißig, *so* solle der Kranke handeln, nicht gleich aufstehen und hinaus und fort, was ja meistens tödlich ist. Aber der monatelang eingesperrte Kranke drängt in diesen Monaten hinaus und kann den Augenblick, da er das Krankenzimmer verlassen darf, nicht mehr erwarten und gibt sich naturgemäß nicht mit ein paar Schritten auf den Gang zufrieden, nein, er tritt ins Freie und bringt sich selbst um. So viele sterben, weil sie zu früh hinausgegangen sind, nicht weil die ärztliche Kunst versagt hat. Man kann den Ärzten alles vorwerfen, aber im Grunde wollen sie natürlich nichts anderes, als den Zustand ihrer Patienten verbessern, sind sie noch so indolent, ja gewissenlos und gar stumpfsinnig, aber der Patient muß das Seinige dazutun, er darf die Bemühungen der Ärzte nicht untergraben, indem er zu früh aufsteht (oder zu spät!) oder zu früh hinausgeht und zu weit. Ich war damals absolut zu weit gegangen, der Pavillon Ernst war ja schon zu weit gewesen. Ich hätte schon vor dem Pavillon Franz umkehren sollen. Aber ich wollte ja unbedingt meinen Freund sehen. Erschöpft, vollkommen außer Atem, saß ich auf der Bank vor dem Pavillon Ernst und blickte durch die Baumstämme auf den Pavillon Ludwig. Wahrscheinlich hätte man mich, der ich ja lungenkrank, aber nicht geisteskrank bin, gar nicht in den Pavillon Ludwig hineingelassen, dachte ich. Den Lungenkranken war es strengstens verboten, ihr Areal zu verlassen und das der Geisteskranken aufzusuchen, umgekehrt auch. Es war zwar das eine von dem andern durch hohe Gitter abgetrennt, aber diese Gitter waren zum Teil so verrostet, daß sie nicht mehr dicht waren, überall waren große Löcher in den Gittern, durch die man leicht von dem einen Areal in das andere *wenigstens kriechen* konnte und ich erinnere mich, daß jeden Tag Geisteskranke im Areal der Lungenkranken gewesen sind, umgekehrt immer Lungenkranke im Areal der Geisteskranken, aber damals, als ich zum erstenmal versuchte, vom Pavillon Hermann aus zum Pavillon Ludwig zu kommen, wußte ich noch nichts von diesem alltäglichen Verkehr zwischen dem einen und dem andern Areal. Die Geisteskranken im sogenannten Lungenareal waren mir später eine tagtägliche Vertrautheit, am Abend mußten sie von den Wärtern eingefangen werden, in Zwangsjacken gesteckt, mußten sie mit Gummiknüppeln, wie ich mit eigenen Augen gesehen habe, aus dem Lungenareal in das der Geisteskranken zurückgetrieben werden, das ging nicht ohne erbärmliche Schreie ab, die mich bis in die nächtlichen Träume hinein verfolgten. Die Lungenkranken verließen ihr Areal in Richtung auf das der Geisteskranken ja doch nur aus Neugierde, weil sie sich jeden Tag etwas Sensationelles erhofften, das ihren fürchterlichen Alltag der tödlichen Langeweile und der immer gleichen Todesgedanken verkürzen sollte. Und tatsächlich täuschte ich mich nicht, ich kam auf meine Rechnung, wenn ich das Lungenareal verließ und zu den Geisteskranken ging, die überall, wo man ihrer ansichtig werden konnte, ihre Nummern abzogen. Möglicherweise getraue ich mich später in einer anderen Schrift noch eine Beschreibung jener Zustände in der Geisteskrankenabteilung zu machen, deren Zeuge ich gewesen bin. Jetzt saß ich auf der Bank vor dem Pavillon Ernst und dachte, daß ich eine ganze Woche werde warten müssen, um einen *zweiten* Versuch machen zu können, zum Pavillon Ludwig zu kommen, denn daß ich an diesem Tag nur noch umkehren konnte in den Pavillon Hermann, war klar. Ich beobachtete von der Bank aus die Eichhörnchen, die überall in dem riesigen, von hier aus endlos scheinenden Park umherhuschten auf die Bäume hinauf und von den Bäumen herunter und die vor allem anderen nur eine einzige Leidenschaft zu haben schienen: sie schnappten die überall auf dem Boden liegenden, von den lungenkranken Patienten weggeworfenen Papiertaschentücher und rasten mit ihnen auf die Bäume. Überall liefen sie mit den Papiertaschentüchern im Maul, aus jeder in jede Richtung, bis man in der Dämmerung nurmehr noch die hin- und herhuschenden weißen Punkte der Papiertaschentücher sehen konnte, die sie im Maul hatten. Ich saß da und genoß diesen Anblick, an den ich naturgemäß meine aus dieser Beobachtung wie von selbst entstandenen Gedanken knüpfte. Es war Juni und die Fenster des Pavillons waren offen und in einem tatsächlich kontrapunktisch genial entworfenen und schließlich auch komponierten Rhythmus husteten die Patienten aus diesen Fenstern in den beginnenden Abend hinaus. Ich wollte die Geduld der Schwestern nicht auf die Spitze treiben und stand auf und ging zum Pavillon Hermann zurück. Nach der Operation, dachte ich, kann ich tatsächlich wieder besser, ja tatsächlich sehr gut atmen, das Herz ist frei, aber ich hatte doch keine guten Aussichten, das Wort *Cortison* und die an dieses Wort gekettete Therapie verdüsterten mein Denken. Aber ich war nicht unbedingt den ganzen Tag hoffnungslos. Ich wachte hoffnungslos auf und versuchte, dieser Hoffnungslosigkeit zu entkommen und ich entkam ihr auch bis gegen Mittag. Am Nachmittag stellte sich die Hoffnungslosigkeit wieder ein, gegen Abend verschwand sie wieder, in der Nacht, wenn ich aufwachte, war sie naturgemäß mit der größten Rücksichtslosigkeit wieder da. Da die Ärzte die Patienten, die ich schon sterben gesehen hatte, genauso behandelten wie mich und mit ihnen die gleichen Wörter gewechselt und also die gleichen Reden geführt hatten, auch die gleichen Scherze gemacht, dachte ich, mein Weg wird mehr oder weniger kein anderer sein als der Weg jener schon Weggestorbenen. Sie starben auf dem Pavillon Hermann unauffällig, ohne Geschrei, ohne Hilferufe, völlig lautlos meistens. In der Frühe stand ihr leeres Bett auf dem Gang, das frisch überzogen wurde für den nächsten. Die Schwestern lächelten, wenn wir an ihnen vorbeigingen, unser Wissen störte sie nicht. Manchmal dachte ich, warum will *ich* den Gang, den ich zu gehen habe, aufhalten, warum füge *ich* mich nicht genauso in diesen Gang, wie alle andern? Wozu die Anstrengung beim Aufwachen, nicht sterben zu wollen, wozu? Natürlich frage ich mich auch heute noch oft, ob es nicht besser gewesen wäre, nachzugeben, denn dann wäre ich sicher innerhalb der kürzesten Zeit *meinen* Gang gegangen, ich wäre innerhalb weniger Wochen gestorben, da bin ich ganz sicher. Aber ich starb nicht und lebte und lebe noch heute. Daß mein Freund Paul zur gleichen Zeit auf dem Pavillon Ludwig gewesen war wie ich auf dem Pavillon Hermann, wobei er ja die erste Zeit, die ich auf dem Pavillon Hermann gewesen war, nicht gewußt hatte, daß ich jetzt auf dem Pavillon Hermann lag, was ihm dann aber doch eines Tages die Geschwätzigkeit unserer gemeinsamen Freundin Irina, die abwechselnd uns beide besuchte, verraten hatte, betrachtete ich als ein gutes Omen. Ich wußte, daß mein Freund immer mehrere Wochen oder Monate in Steinhof war schon seit vielen Jahren, und daß er *jedesmal* wieder hinausgekommen ist und so dachte ich, werde auch ich wieder hinauskommen, wenn auch er mit mir überhaupt nicht zu vergleichen war, in keiner Hinsicht, aber ich bildete mir ein, ich bliebe ein paar Wochen oder Monate da und käme wieder hinaus, wie er. Und schließlich war dieser Gedanke nicht falsch gewesen. Nach vier Monaten hatte ich schließlich die Baumgartnerhöhe wieder verlassen können, ich war nicht gestorben, wie die andern, er war längst draußen. Auf dem

Weg vom Pavillon Ernst zum Pavillon Hermann machte ich mir aber doch noch immer ganz entschiedene Todesgedanken. Ich glaubte nicht, den Pavillon Hermann lebend verlassen zu können, dazu hatte ich zuviel im Pavillon Hermann gesehen und gehört und ich selbst fühlte in mir alles, nur keinen Hoffnungsschimmer. Die Dämmerung machte es nicht leichter wie man glaubt, sondern schwer und beinahe unerträglich. Ich ließ mich, nachdem mich die diensthabende Schwester zur Rede gestellt und über mein verantwortungsloses Verhalten, ja mein ganz dummes Verbrechen aufgeklärt hatte, ins Bett fallen und schlief sofort ein. Aber auf der Baumgartnerhöhe hatte ich nicht eine Nacht durchschlafen können, auf dem Pavillon Hermann wachte ich meistens schon nach einer Stunde wieder auf, entweder schreckte ich aus einem Traum, der mich wie alle meine Träume an den Abgrund meiner Existenz geführt hatte, auf, oder ich war durch ein Geräusch auf dem Gang wach geworden, wenn einer in den Nebenzimmern der dringenden Hilfe bedurfte oder starb, oder wenn mein Bettnachbar die Urinflasche benützte, was er, obwohl ich ihm wiederholt gesagt hatte, wie er es anstellen solle, damit er keinen Lärm macht, niemals ohne Lärm gemacht hat, im Gegenteil, stieß er meistens mit der Urinflasche an mein Eisennachtkästchen und nicht nur einmal, sondern mehrere Male, so daß er immer einen wütenden Vortrag meinerseits über sich hatte ergehen lassen müssen, indem ich ihm zum wiederholten Male erklärte, *wie* er die Urinflasche zu handhaben hätte, um mich nicht aufzuwecken, aber vergeblich; auch den Nachbarn auf der anderen Seite, an der Türseite, ich lag ja auf der Fensterseite, hatte er jedesmal aufgeweckt, Herrn Immervoll, einen Polizisten, einen leidenschaftlichen Siebzehnundvierspieler, von welchem ich das Siebzehnundvierspielen habe, das ich von da an bis heute nicht mehr habe aufgeben können, was mich sehr oft an den Rand der Verrücktheit, ja des Wahnsinns treibt, und wie man weiß, kann ein ohnehin nur unter Schlafpulvern schlafender Patient noch dazu in einem solchen Krankenhaus wie in dem auf der Baumgartnerhöhe, wo es sich ja nur um Schwer- und Schwerstkranke handelte, die darin untergebracht waren, nicht mehr einschlafen, wenn er einmal aufgewacht ist. Mein Nebenmann war ein Theologiestudent, Sohn eines Richterehepaares aus Grinzing, genau gesagt, vom Schreiberweg, also aus einem der nobelsten und teuersten Plätze von Wien und ein durch und durch verzogener Charakter. Er hatte noch nie mit anderen in einem Zimmer zusammengelebt und ich war sicher der erste, der ihn darauf aufmerksam machte, daß man, wenn man mit andern zusammen in einem Raum ist, auf diese andern absolut Rücksicht zu nehmen habe, *gerade weil er Theologiestudent sei,* auf das selbstverständlichste. Aber dieser Mensch war kaum zu belehren, jedenfalls die erste Zeit nicht, er war nach mir ins Zimmer gekommen, auch in einem hoffnungslosen Zustand, man hat ihm genauso wie mir und allen andern den Schnitt in den Hals gemacht und einen Tumor herausgeholt, und der Arme wäre *um ein Haar,* wie es hieß, während der Operation gestorben, es hatte ihn der Professor Salzer operiert. Aber das sagt natürlich nicht, daß er nicht unter einem anderen Chirurgen *auch beinahe* gestorben wäre. Theologiestudent müßte man sein, hatte ich gedacht, wie der Mensch ins Zimmer gekommen ist: die geistlichen Schwestern verwöhnten ihn auf abstoßende Weise, während sie ihn mit allen Mitteln verwöhnten, vernachlässigten sie mich und den Polizisten Immervoll mit der gleichen Intensität. Beispielsweise hatte die jeweils diensttuende Nachtschwester meinem Theologiestudenten alles, das sie während der Nacht von den Patienten geschenkt bekommen hatte, Schokolade, Wein, alle möglichen Süßigkeiten aus der Stadt und naturgemäß immer von den erstklassigsten Konditoreien, vom Demel, vom Lehmann, von der wie diese genauso berühmten

Konditorei Sluka neben dem Rathaus, in der Frühe auf das Nachtkästchen meines Theologiestudenten gestellt, ihm auch immer nicht nur eine, wie vorgeschrieben und wie uns zugestanden, sondern gleich zwei Portionen Chaudeau zukommen lassen, genau jenes Chaudeau, das ich wie nichts auf der Welt auch heute noch liebe und das auf dem Pavillon Hermann die Regel gewesen war, denn es handelte sich auf dem Pavillon Hermann immer nur um Todkranke und das an das Krankenbett gebrachte Chaudeau ist immer für die Todkranken charakteristisch. Aber ich gewöhnte meinem Theologiestudenten doch sehr bald viele Ungezogenheiten ab, wofür mir wiederum sein Nachbar, der Polizist Immervoll, dankbar war, denn ihn hatte unser Mitpatient genauso wie mich mehr als uns erträglich gewesen wäre, durch seinen Egoismus belästigt. Dauerkranke wie ich und wie der Immervoll, haben sich längst in die ihnen zustehende Rolle eingewöhnt, in die Rolle des Unscheinbaren, Rücksichtsvollen, Unauffälligen, weil nur diese Rolle das Kranksein auf Dauer erträglich macht, die Aufsässigkeit, die Ungezogenheit, die Renitenz schwächt den Organismus mit der Zeit tatsächlich tödlich und ein Dauerkranker kann sie sich also nicht länger leisten. Da mein Theologiestudent tatsächlich fähig war, aufzustehen und auf die Toilette zu gehen, verbot ich ihm eines Tages, die Flasche zu benützen. Sofort hatte ich die Schwestern gegen mich gehabt, die natürlich die Flasche des Theologiestudenten *gern* ausgetragen haben, aber ich bestand darauf, daß er aufstand und hinausging, denn ich sah nicht ein, warum ich und der Immervoll aufstehen und hinausgehen sollten zum Wasserablassen, während der Theologiestudent im Bett und in die Flasche sein Wasser ablassen durfte, was uns die ohnedies schon beinahe unerträgliche Luft im Zimmer verpestete. Ich hatte Erfolg, der Theologiestudent, dessen Namen ich vergessen habe, ich glaube, er hieß Walter, ich weiß es aber nicht mehr genau, ging auf den Abort, die Schwestern würdigten mich mehrere Tage keines Blickes. Aber das war mir gleichgültig. Ich wartete nur den Tag ab, an welchem ich tatsächlich bei meinem Paul einen Besuch machen, ihn mit einem Besuch überraschen könnte, aber nach meinem Scheitern beim ersten Versuch, der mich schon beim Pavillon Ernst hatte aufgeben und umkehren lassen, sah ich diesen Tag in weite Ferne gerückt. Ich lag im Bett und schaute hinaus und sah den immer gleichen Blick auf eine riesige Kiefernkrone. Dahinter ging die Sonne auf und unter, ohne daß ich eine Woche lang den Mut gehabt hätte, mein Zimmer zu verlassen. Schließlich besuchte mich, nachdem sie meinen

Freund Paul besucht hatte, unsere gemeinsame Freundin Irina, in deren Wohnung in der Blumenstockgasse ich den Paul Wittgenstein kennengelernt habe: ich war mitten in eine Debatte über die von Schuricht dirigierte Haffnersymphonie mit den Londoner Philharmonikern hineingekommen, was für mich Wasser auf die Mühle gewesen war, denn ich hatte, wie meine Gesprächspartner auch, einen Tag vor dieser Debatte Schuricht diese Symphonie im Musikverein dirigieren gehört und hatte den Eindruck gehabt, niemals in meiner ganzen musikalischen Existenz ein vollendeteres Konzert gehört zu haben. Alle drei, ich, Paul und seine Freundin Irina, eine hochmusikalische Person und absolut eine der außergewöhnlichsten Kunstkennerinnen überhaupt, haben wir denselben Geschmack gehabt, dieses Konzert betreffend. In dieser Debatte, in welcher es naturgemäß nicht um Grundlegendes, aber doch um Entscheidendes gegangen war, das nicht allen dreien gleich und mit derselben Intensität aufgefallen war, hatte sich wie von selbst binnen Stunden meine Freundschaft zu Paul begründet. Ich hatte ihn schon jahrelang immer wieder *gesehen,* aber niemals mit ihm ein Wort gesprochen gehabt, hier in der Blumenstockgasse, hoch oben im vierten Stock in einem Jahrhundertwendehaus ohne Lift, war der Anfang. Es war ein riesiges, mit einfachen, aber bequemen Möbeln ausgestattetes Zimmer, in welchem wir drei über Schuricht, meinen Lieblingskapellmeister und die Haffnersymphonie, meine Lieblingssymphonie und dieses für unsere Freundschaft entscheidende Konzert gesprochen haben, stundenlang, bis zur totalen Erschöpfung. Die auf nichts sonst Rücksicht nehmende Leidenschaft des Paul Wittgenstein für die Musik, die übrigens auch unsere Freundin Irina immer ausgezeichnet hat, hatte mich sofort für ihn eingenommen gehabt, seine ganz und gar außerordentlichen Kenntnisse vor allem die großen Orchesterwerke Mozarts und Schumanns betreffend, ganz abgesehen von seinem mir allerdings sehr bald unheimlichen Opernfanatismus, der in ganz Wien bekannt und tatsächlich nicht nur gefürchtet, sondern schon auf tödliche Weise krankhaft gewesen war, wie sich bald zeigte, seine hohe, nicht nur musikalische, sondern allgemeine Kunstbildung, die sich von der aller andern durch mehr oder weniger ununterbrochen angestellte, jederzeit überprüfbare Vergleiche von gehörter Musik, von besuchten Konzerten, von studierten Virtuosen und Orchestern unterschied und die alle immer zuhöchst authentisch gewesen waren, wie ich bald einsah, hatten mich unschwer den Paul Wittgenstein als meinen neuen, ganz und gar außerordentlichen Freund erkennen und annehmen lassen. Unsere Freundin Irina, deren Schicksal mindestens ebenso bemerkenswert und abenteuerlich ist, wie das des Paul Wittgenstein, die so oft liiert und so oft verheiratet gewesen ist beispielsweise, daß man es gar nicht an den Fingern abzählen kann, hat uns in diesen schwierigen Tagen auf dem Wilhelminenberg oft besucht, in einer roten Strickjacke ist sie, unbekümmert um die Besuchzeiten, auf dem Wilhelminenberg aufgetaucht. Leider hat sie, wie gesagt, eines Tages dem Paul verraten, daß ich im Pavillon Hermann bin und mich dadurch um meinen geplanten Überraschungseffekt, nämlich meinen abrupten Besuch im Pavillon Ludwig, gebracht. Der Irina, die heute mit einem sogenannten Musikwissenschaftler verheiratet und in die burgenländische Idylle gegangen ist, verdanke ich schließlich die Freundschaft mit dem Paul. Ich kannte meinen Freund schon zwei, drei Jahre, bevor ich auf den Pavillon Hermann gekommen bin und daß wir beide auf einmal gleichzeitig auf dem Wilhelminenberg sozusagen wieder einmal *am Ende des Lebens* angelangt waren, betrachte ich nicht als Zufall. Aber ich geheimniste auch nicht zu viel in diese Tatsache hinein. Ich, im Pavillon Hermann, dachte, ich habe meinen Freund im Pavillon Ludwig, und bin aus diesem Grunde nicht allein. Aber in Wahrheit wäre ich auch ohne den Paul in diesen Tagen und Wochen und Monaten auf der Baumgartnerhöhe nicht allein gewesen, denn ich hatte ja meinen *Lebensmenschen,* den nach dem Tod meines Großvaters entscheidenden für mich in Wien, meine Lebensfreundin, der ich nicht nur sehr viel, sondern, offen gesagt, seit dem Augenblick, in welchem sie vor über dreißig Jahren an meiner Seite aufgetaucht ist, mehr oder weniger alles verdanke. Ohne sie wäre ich überhaupt nicht mehr am Leben und wäre ich jedenfalls niemals der, der ich heute bin, so verrückt und so unglücklich, aber auch glücklich, wie immer. Die Eingeweihten wissen, was alles sich hinter diesem Wort *Lebensmensch* verbirgt, von und aus welchem ich über dreißig Jahre meine Kraft und immer wieder mein Überleben bezogen habe, aus nichts sonst, das ist die Wahrheit. Diese für mich in jeder Beziehung vorbildliche, gescheite, mich niemals auch nur einen entscheidenden Augenblick im Stich lassende Frau, von welcher ich in den letzten dreißig Jahren beinahe alles gelernt oder wenigstens verstehen gelernt habe und von welcher ich auch heute noch das Entscheidende lerne und wenigstens immer begreifen lerne, besuchte mich damals beinahe täglich und saß an meinem Bett. Sie hatte sich mit Bergen von Büchern und Zeitungen in der Gluthitze auf die Baumgartnerhöhe heraufgeschleppt in eine Atmosphäre, die als bekannt vorausgesetzt werden kann. Und immerhin war dieser mein *Lebensmensch* damals schon über siebzig. Aber er würde heute, so denke ich, mit siebenundachtzig, genauso handeln. Aber dieser *Lebensmensch* ist ja nicht der Mittelpunkt dieser Notizen, die ich mir über den Paul mache, wenn er auch damals, als ich auf dem Wilhelminenberg stationiert gewesen war, isoliert gewesen war, abgeschoben und abgeschrieben gewesen war, die größte Rolle in meinem Leben, in meiner Existenz spielte, der Mittelpunkt dieser Notizen ist mein damals mit mir auf dem Wilhelminenberg stationierter, isolierter, abgeschobener und abgeschriebener Freund Paul, den ich mir mit diesen Notizen noch einmal deutlich machen will, mit diesen Erinnerungsfetzen, die mir im Augenblick nicht nur die ausweglose Situation meines Freundes, sondern meine eigene damalige Ausweglosigkeit verdeutlichen sollen, in Erinnerung rufen sollen, denn wie der Paul damals wieder einmal in eine seiner Lebenssackgassen geraten war, war auch ich in eine meiner Lebenssackgassen geraten oder noch besser gesagt, hineingetrieben worden. Wie der Paul, hatte ich, wie ich sagen muß, meine Existenz wieder einmal übertrieben und also überschätzt und also über das Äußerste hinaus ausgenützt gehabt. Wie der Paul, hatte ich selbst mich wie-

33

der einmal über alle meine Möglichkeiten hinaus ausgenützt gehabt, alles über alle Möglichkeiten hinaus ausgenützt gehabt mit der krankhaften Rücksichtslosigkeit gegen mich und gegen alles, die den Paul eines Tages zerstört hat und die mich genauso wie den Paul eines Tages zerstören wird, denn wie der Paul an seiner krankhaften Selbst- und Weltüberschätzung zugrunde gegangen ist, werde auch ich über kurz oder lang an meiner eigenen krankhaften Selbst- und Weltüberschätzung zugrunde gehen. Wie der Paul war auch ich damals auf dem Wilhelminenberg in einem Krankenbett aufgewacht als ein fast völlig zerstörtes Produkt dieser Selbst- und Weltüberschätzung, und vollkommen logisch der Paul in der Irrenanstalt und ich in der Lungenanstalt, also der Paul auf dem Pavillon Ludwig und ich auf dem Pavillon Hermann. Wie der Paul sich jahrelang mehr oder weniger fast zu Tode gerannt hat in *seiner* Verrücktheit, so hatte ich mich mehr oder weniger jahrelang zu Tode gerannt in meiner. Wie der Weg des Paul immer wieder in einer Irrenanstalt hatte enden müssen, abgebrochen hatte werden müssen, so hat mein Weg immer wieder in einer Lungenanstalt enden, abgebrochen werden müssen. Wie der Paul immer wieder ein Höchstmaß an Aufsässigkeit gegen sich und gegen seine Umwelt erreicht hat und in die Irrenanstalt eingeliefert werden mußte, habe ich selbst immer wieder ein Höchstmaß an Aufsässigkeit gegen mich und gegen meine Umwelt erreicht und bin in eine Lungenanstalt eingeliefert worden. Wie der Paul immer wieder und in immer kürzeren Abständen, wie sich denken läßt, sich selbst und die Welt nicht mehr ertragen hat, habe auch ich in immer kürzeren Abständen mich selbst und die Welt nicht mehr ertragen und bin, genauso wie der Paul in der Irrenanstalt, in der Lungenanstalt wieder zu mir gekommen, wie gesagt werden kann. Wie den Paul immer wieder letzten Endes die Irrenärzte ruiniert und seine eigenen Energien dann doch wieder auf die Beine gebracht haben, so haben mich immer wieder die Lungenärzte ruiniert und meine eigenen Energien wieder auf die Beine gebracht, wie ihn letzten Endes die Irrenhäuser geprägt haben, wie ich sagen muß, haben mich die Lungenkrankenhäuser geprägt, wie ich denke, wie ihn über lange Strecken seines Lebens die Verrückten erzogen haben, haben mich die Lungenkranken erzogen, wie er in der Gemeinschaft der Verrückten sich schließlich entwickelt hat, habe ich mich in der Gemeinschaft der Lungenkranken entwickelt und die Entwicklung unter den Verrückten ist nicht viel anders als die Entwicklung unter den Lungenkranken. Die Verrückten haben ihn das Leben und die Existenz entscheidend gelehrt, mich die Lungenkranken mit der gleichen Entschiedenheit, wie ihn die Verrücktheit, wie mich die Lungenkrankheit und der Paul ist sozusagen ein Verrückter geworden, weil er eines Tages die Beherrschung verloren hat, wie gesagt werden kann, wie ich lungenkrank geworden bin, weil ich ebenso eines Tages die Beherrschung verloren habe. Der Paul ist verrückt geworden, weil er sich auf einmal gegen alles gestellt hat und naturgemäß dadurch umgeworfen worden ist, wie ich umgeworfen worden bin eines Tages, weil ich mich wie er gegen alles gestellt habe, nur ist er *verrückt* geworden aus demselben Grund, aus dem ich *lungenkrank* geworden bin. Aber der Paul ist nicht verrückter gewesen, als ich selbst bin, denn ich bin wenigstens so verrückt wie der Paul gewesen ist, wenigstens so verrückt, wie die Leute sagen, daß der Paul gewesen sei, nur bin ich zu meiner Verrücktheit auch noch lungenkrank geworden. Der Unterschied zwischen dem Paul und mir ist ja nur der, daß der Paul sich von seiner Verrücktheit hat *vollkommen* beherrschen lassen, während ich mich von meiner ebenso großen Verrücktheit niemals habe vollkommen beherrschen lassen, er ist sozusagen in seiner Verrücktheit aufgegangen; während ich meine Verrücktheit zeitlebens ausgenützt habe, beherrscht habe, während der Paul seine Verrücktheit niemals beherrscht hat, habe ich die meinige immer beherrscht und vielleicht ist aus diesem Grund meine eigene Verrücktheit sogar die viel verrücktere Verrücktheit gewesen als die des Paul. Der Paul hat nur seine Verrücktheit gehabt und aus dieser seiner Verrücktheit existiert, ich habe zu meiner Verrücktheit auch noch die Lungenkrankheit gehabt und ich habe beide, die Verrücktheit genauso wie die Lungenkrankheit, ausgenützt: ich habe *sie* zu meiner *Existenzquelle* gemacht eines Tages von einem Augenblick auf den andern für mein ganzes Leben. Wie der Paul jahrzehntelang den Verrückten *gelebt* hat, habe ich jahrzehntelang den Lungenkranken *gelebt* und wie der Paul jahrzehntelang den Verrückten *gespielt* hat, habe ich jahrzehntelang den Lungenkranken *gespielt* und wie er den Verrückten für seine Zwecke *ausgenützt* hat, habe ich den Lungenkranken für meine Zwecke *ausgenützt*. Wie sich andere einen mehr oder weniger großen Besitz oder eine mehr oder weniger höhere oder hohe Kunst fortwährend oder lebenslänglich zu erhalten und zu sichern versuchen und diesen Besitz und diese Kunst solange sie leben, mit allen Mitteln und unter allen Umständen ausnützen und zu ihrem einzigen Lebensinhalt zu machen getrauen, hat der Paul seine Verrücktheit lebenslänglich abgesichert und sich erhalten und ausgenützt und unter allen Umständen und mit allen Mitteln zu seinem Lebensinhalt gemacht, wie ich meine Lungenkrankheit, wie ich meine Verrücktheit, wie ich schließlich aus dieser Lungenkrankheit und aus dieser Verrücktheit sozusagen meine Kunst. Aber wie der Paul mit seiner Verrücktheit schließlich immer rücksichtsloser umgegangen ist, bin ich mit meiner Lungenkrankheit und mit meiner Verrücktheit immer rücksichtsloser umgegangen, indem wir sozusagen mit unseren Krankheiten immer rücksichtsloser umgegangen sind, sind wir auch mit der uns umgebenden Welt immer rücksichtsloser umgegangen und dadurch ist unsere Umwelt naturgemäß in umgekehrter Richtung mit uns selbst immer rücksichtsloser umgegangen und wir sind in immer kürzeren Abständen in die uns entsprechenden Anstalten gekommen, in Irrenanstalten der Paul, in die Lungenanstalten ich. Und während wir sonst immer weit voneinander in die uns entsprechenden Anstalten gekommen waren, sind wir neunzehnhundertsiebenundsechzig auf einmal beide gleichzeitig auf den Wilhelminenberg gekommen und haben unsere Freundschaft auf dem Wilhelminenberg *vertieft.* Wären wir neunzehnhundertsiebenundsechzig nicht auf den Wilhelminenberg gekommen, wäre es möglicherweise zu einer solchen *Freundschaftsvertiefung* nicht gekommen. Nach vielen

Jahren der ungewollten Freundschaftsabstinenz hatte ich auf einmal wieder einen tatsächlichen Freund, der auch die verrücktesten Eskapaden meines doch recht komplizierten und also gar nicht einfachen Kopfes verstand und auf die verrücktesten Eskapaden meines Kopfes sich einzulassen getraute, wozu alle andern in meiner Umgebung niemals die Fähigkeit gehabt haben, weil sie dazu auch gar nicht gewillt waren. Wenn ich ein Thema auch nur antippte, wie gesagt wird, entwickelte es sich schon genau in die Richtung, in welche es sich zu entwickeln hatte in unseren Köpfen und nicht nur die Musik, seine und meine erste und oberste Spezialität betreffend, sondern auch alle andern. Ich habe niemals vorher einen Menschen mit einer schärferen Beobachtungsgabe, keinen mit einem größeren Denkvermögen gekannt. Nur hat der Paul dieses sein Denkvermögen genauso ununterbrochen beim Fenster hinausgeworfen, wie sein Geldvermögen, aber während sein Geldvermögen sehr bald endgültig zum Fenster hinausgeworfen und erschöpft gewesen war, war sein Denkvermögen tatsächlich unerschöpflich; er warf es ununterbrochen zum Fenster hinaus *und* es vermehrte sich (gleichzeitig) ununterbrochen, je mehr er von seinem Denkvermögen zum Fenster (seines Kopfes) hinauswarf, desto mehr vergrößerte es sich, das ist ja das

Kennzeichen solcher Menschen, die zuerst verrückt sind und schließlich als wahnsinnig bezeichnet werden, daß sie immer mehr und immer ununterbrochen ihr Geistesvermögen zum Fenster (ihres Kopfes) hinauswerfen und sich gleichzeitig in diesem ihrem Kopf ihr Geistesvermögen mit derselben Geschwindigkeit, mit welcher sie es zum Fenster (ihres Kopfes) hinauswerfen, vermehrt. Sie werfen immer mehr Geistesvermögen zum Fenster (ihres Kopfes) hinaus und es wird gleichzeitig in ihrem Kopf immer mehr und naturgemäß immer bedrohlicher und schließlich kommen sie mit dem Hinauswerfen ihres Geistesvermögens (aus ihrem Kopf) nicht mehr nach und der Kopf hält das sich fortwährend in ihrem Kopf vermehrende und in diesem ihrem Kopf aufgestaute Geistesvermögen nicht mehr aus und explodiert. So ist Pauls Kopf ganz einfach explodiert, weil er mit dem Hinauswerfen seines Geistesvermögens (aus seinem Kopf) nicht mehr nachgekommen ist. So ist auch Nietzsches Kopf explodiert. So sind alle diese verrückten philosophischen Köpfe letzten Endes explodiert, weil sie mit dem Hinauswerfen ihres Geistesvermögens nicht mehr nachgekommen sind. In diesen Köpfen entsteht schließlich fortwährend und tatsächlich ununterbrochen ihr Geistesvermögen mit einer viel größeren und grausameren Geschwindigkeit, als sie es zum Fenster (ihres Kopfes) hinauswerfen können und eines Tages explodiert ihr Kopf und sie sind tot. So ist der Kopf des Paul auch eines Tages explodiert und er war tot. Wir waren gleich und doch völlig anders. Beispielsweise beschäftigten den Paul arme Leute *und* rührten ihn, mich beschäftigten sie, aber sie rührten mich nicht, weil ich durch meinen Denkmechanismus über dieses weltalte Thema zu einer Rührung in der Art Pauls niemals fähig gewesen bin und auch heute dazu nicht fähig bin. Der Paul ist in Tränen ausgebrochen über ein am Ufer des Traunsees hockendes Kind, welches tatsächlich von einer, wie ich sofort gesehen habe, durchtriebenen Mutter nur zu dem abstoßenden Zweck an das Traunseeufer gesetzt worden ist, die Vorübergehenden zu Rührung und schlechtem Gewissen aufzureizen und um ihre Brieftaschen zu öffnen. Ich hatte zum Unterschied vom Paul nicht nur das von seiner habgierigen Mutter mißbrauchte Kind und sein Elend, sondern dahinter, in einem Gebüsch kauernd und in ekelhafter Geschäftstüchtigkeit einen ganzen Haufen Papiergeld zählend dazu auch die Mutter des aufs gemeinste mißbrauchten Kindes gesehen; der Paul sah nur das Kind und sein Elend, nicht die dahinter sitzende geldzählende Mutter und er flennte sogar und gab dem Kind, sich sozusagen seiner eigenen Existenz schämend, einen Hundertschillingschein; während ich *die ganze Szene* durchschaute, hatte der Paul nur den oberflächlichen Teil dieser Szene gesehen, die Not des Kindes in seiner Unschuld, nicht die gemeine Mutter im Hintergrund, die perverse, niederträchtige Ausnützung sozusagen der Gutmütigkeit meines Freundes, die ihm verborgen bleiben, die ich aber sehen mußte. Es ist charakteristisch für meinen Freund, daß er nur das oberflächliche Bild des leidenden Kindes gesehen und ihm den Hundertschillingschein gegeben hat, während ich die ganze widerliche Unverfrorenheit der ganzen Szene zu durchschauen gehabt hatte und dem Kind naturgemäß nichts gegeben habe. Und es ist charakteristisch für unser Verhältnis, daß ich meine Beobachtung für mich behalten habe, um den Freund zu schützen, ihm nicht gesagt habe, daß hinter dem Gebüsch die gemeine niederträchtige Mutter Geld gezählt hat, während ihr Kind, von ihr erzwungen, das Theater des Elends zu spielen gehabt hat. In der oberflächlichen Anschauung der Szene ließ ich ihn allein und ließ ihn dem Kind den Hunterschillingschein geben und flennen und ich klärte ihn auch später nicht über die ganze Szene auf. Sehr oft erwähnte er diese Szene mit dem Kind am Traunseeufer, sprach er davon, daß er einem armen einsamen Kind einen Hundertschillingschein gegeben hat (in meiner Gegenwart), ohne daß ich ihn jemals über *die tatsächliche ganze Szene* dieser Begebenheit aufgeklärt hätte. Der Paul hat, was das Elend und das sogenannte Elend der Menschen (und der Menschheit) betrifft, immer nur die Oberfläche wie die Oberfläche der Szene am Traunseeufer gesehen, niemals die ganze, wie ich, und ich denke, wahrscheinlich hat er sich ganz einfach geweigert und zwar lebenslänglich geweigert, die ganze Szene zu sehen, sich mit der Oberfläche einer jeden solchen Szene zufrieden gegeben aus Selbstschutz. Ich habe mich niemals nur mit der Oberfläche (einer solchen Szene) zufrieden gegeben genauso aus Selbstschutz. Das ist der Unterschied. Der Paul hat sozusagen in der ersten Lebenshälfte viele Millionen in dem Glauben zum Fenster hinausgeworfen, er helfe den Hilflosen (und dadurch sich selbst!), während er in Wirklichkeit und in Wahrheit diese Millionen nur in den Rachen der absoluten Unwürdigkeit und Gemeinheit geworfen, aber naturgemäß tatsächlich sich selbst damit geholfen hat. Solange hat er sein Geld unter die vermeintlich Elenden und Erbarmungswürdigen geworfen, bis er selbst nichts mehr gehabt hat. Bis er eines Tages ganz und gar auf die Gnade seiner Verwandtschaft angewiesen war, die ihm aber diese Gnade nur die kürzeste Zeit erwiesen und bald entzogen hat, weil ihr der Begriff der Gnade immer fremd gewesen ist. Der Paul entstammte sträflicherweise einer der drei, vier reichsten Familien Österreichs, deren Millionen sich in der Monarchie von Jahr zu Jahr wie von selbst vermehrt haben, bis die Ausrufung der Republik zu einer Stagnation des Wittgensteinschen Vermögens geführt hat. Der Paul hat das Seinige schon so früh mehr oder weniger in dem Glauben, damit gegen die Armut ankämpfen zu können, zum Fenster hinausgeworfen, so daß er den größten Teil seines Lebens mehr oder weniger nichts gehabt und wie sein Onkel Ludwig geglaubt hat, die sogenannten *schmutzigen* Millionen unter das *reine* Volk werfen zu müssen zur Errettung dieses *reinen* Volkes und seiner selbst. Der Paul ist mit ganzen Bündeln von Hundertschillingscheinen durch die Straßen gegangen nur zu dem Zweck, um diese schmutzigen Hundertschillingscheinbündel unter dem *reinen* Volk zu verteilen. Aber er hat sein Geld mehr oder weniger immer nur an solche *Traunseeuferkinder* verteilt, wie gerade beschrieben. Alle diese Leute, denen er sein Geld gegeben hat, waren nichts, als solche Traunseeuferkinder, wo immer er ihnen sein Geld aufgedrängt hat, *um ihnen zu helfen* und *um sich zu befriedigen*. Eine kurze Zeit haben ihn dann, wie er selbst nichts mehr gehabt hat, die Seinigen unterstützt, aus einer gewissen perversen Ehrenhaftigkeit heraus, niemals aus Großzügigkeit und im Grunde auch niemals aus Selbstverständlichkeit. Weil sie, was gesagt werden muß, auch nicht nur die Oberfläche seiner Szene gesehen haben, sondern *die ganze fürchterliche.* Ein Jahrhundert haben die Wittgenstein Waffen und Maschinen erzeugt, bis sie schließlich und endlich den Ludwig und den Paul erzeugt haben, den berühmten epochemachenden Philosophen und den, wenigstens in Wien nicht weniger berühmten oder gerade dort noch berühmteren Verrückten, der im Grunde genauso philosophisch war wie sein Onkel Ludwig, wie umgekehrt der philosophische Ludwig so verrückt wie sein Neffe Paul, der eine, Ludwig, hatte seine Philosophie zu seiner Berühmtheit gemacht, der andere, Paul, seine Verrücktheit. Der eine, Ludwig, war *vielleicht* philosophischer, der andere, Paul, *vielleicht* verrückter, aber möglicherweise glauben wir bei dem einen, philosophischen Wittgenstein nur deshalb, daß er der Philosoph sei, weil er seine Philosophie zu Papier gebracht hat und nicht seine Verrücktheit und von dem anderen, dem Paul, er sei ein Verrückter, weil der seine Philosophie unterdrückt und nicht veröffentlicht und nur seine Verrücktheit zur Schau gestellt hat. Beide waren ganz und gar außerordentliche Menschen und ganz und gar außerordentliche Gehirne, der eine hat sein Gehirn publiziert, der andere nicht. Ich könnte sogar sagen, der eine hat sein Gehirn *publiziert,* der andere hat sein Gehirn *praktiziert.* Und wo liegt der Unterschied zwischen dem publizierten und dem sich fortwährend publizierenden Gehirn und dem praktizierten und sich fortwährend praktizierenden? Aber natürlich hätte Paul, wenn er solche publiziert hätte, ganz andere Schriften publiziert als Ludwig, wie Ludwig selbstverständlich eine ganz andere Verrücktheit praktiziert hätte wie Paul. In jedem Fall garantierte der Name Wittgenstein ein hohes, ja ein höchstes Niveau. Das Niveau des Philosophen Ludwig hat der Verrückte Paul ohne Zweifel erreicht, der eine stellt absolut einen Höhepunkt der Philosophie und der Geistesgeschichte dar, der andere absolut einen Höhepunkt in der Geschichte der Verrücktheit, wenn wir die Philosophie als Philosophie und den Geist als Geist und die Verrücktheit als die bezeichnen wollen, als die sie bezeichnet werden: als perverse Geschichtsbegriffe. Im Pavillon Hermann war ich zwar nur zweihundert Meter von meinem Freund entfernt, aber ich war doch vollkommen von ihm getrennt, ich sehnte nichts mit einer größeren Intensität herbei, als unsere erste gemeinsame Wiederbegegnung nach so vielen Monaten, in welchen ich den Kopf des Paul habe entbehren müssen und in welchen ich unter den

Hunderten von anderen, im großen und ganzen leider vollkommen unergiebigen Köpfen beinahe erstickt wäre, denn machen wir uns nichts vor, die Köpfe, die uns die meiste Zeit erreichbar sind, sind uninteressant, wir haben nicht viel mehr davon als wenn wir mit ausgewachsenen Erdäpfeln zusammen wären, die auf wehleidigen Körpern in mehr oder weniger geschmacklosen Kleidern ein kümmerliches, leider gar nicht erbarmungswürdiges Dasein fristen. Aber es kommt der Tag, an welchem ich den Paul tatsächlich aufsuchen werde, dachte ich und ich machte mir schon ein paar Notizen darüber, was ich mit ihm zu besprechen vorhatte, über alles das, über das ich so viele Monate mit niemandem hatte sprechen können. Ohne Paul war mir ganz einfach kein Gespräch über Musik möglich in dieser Zeit, kein solches über Philosophie, über Politik, über Mathematik. Wenn es beinahe tot war in mir, brauchte ich nur den Paul aufzusuchen, um beispielsweise mein musikalisches Denken wiederzubeleben. Der Arme, dachte ich, ist eingesperrt im Pavillon Ludwig, möglicherweise sogar in eine Zwangsjacke gesteckt und wäre so gern in der Oper. Er war der leidenschaftlichste Opernbesucher, den Wien je gehabt hat, das wissen die Eingeweihten. Er war der Opernfanatiker, der sich auch noch nach seiner totalen Verarmung und letzten Endes sogar Verbitterung, was nicht aufzuhalten gewesen war, den tagtäglichen Opernbesuch geleistet hat wenigstens auf dem Stehplatz, der Todkranke stand sechs Stunden *Tristan* durch und hatte am Ende noch die Kraft, so laut in Bravorufe oder in Pfiffe auszubrechen, wie keiner vor und keiner nach ihm im Haus am Ring. Er war als Premierenmacher gefürchtet. Er riß mit seiner Begeisterung, weil er damit ein paar Sekunden früher als die anderen eingesetzt hatte, die ganze Oper mit. Andererseits landeten mit seinen Erstpfiffen die größten und die teuersten Inszenierungen, weil *er* es wollte, weil *er* dazu geradezu aufgelegt war, in der Versenkung. Ich kann einen Erfolg machen, wenn ich will und wenn die Voraussetzungen dafür gegeben sind und sie sind immer dafür gegeben, sagte er, und ich kann einen totalen Mißerfolg genauso machen, wenn die Voraussetzungen dafür gegeben sind, und sie sind immer dafür gegeben: Wenn ich der erste bin, der Bravo schreit oder der erste, der pfeift. Die Wiener haben Jahrzehnte nicht gemerkt, daß der Urheber ihrer Operntriumphe letzten Endes der Paul gewesen ist, genauso der Urheber der Untergänge im Haus am Ring, die, wenn *er* es haben wollte, nicht radikaler, nicht vernichtender hätten sein können. Sein Für und Wider in der Oper hatte aber mit Objektivität nichts zu tun, nur mit seiner

Launenhaftigkeit, mit seiner Sprunghaftigkeit, mit seiner Verrücktheit. Viele Kapellmeister, die er nicht leiden konnte, sind in Wien in seine Falle gegangen und er hat sie ausgepfiffen und ausgebrüllt, tatsächlich mit Schaum vor dem Mund. Nur an Karajan, den er haßte, scheiterte er. Das Genie Karajan war zu groß, um von Paul auch nur irritiert werden zu können. Karajan habe ich Jahrzehnte beobachtet und studiert und er ist für mich der wichtigste Kapellmeister des Jahrhunderts neben Schuricht, den ich *geliebt* habe, Karajan habe ich schon von Kindheit an, muß ich sagen, aus Erfahrung *bewundert,* immer wenigstens so hoch eingeschätzt, wie alle Musiker, mit welchen Karajan jemals gearbeitet hat. Paul haßte Karajan mit allen ihm zur Verfügung stehenden Mitteln und bezeichnete ihn aus gewohnheitsmäßigem Haß nur als Scharlatan, ich sah in ihm aus eigener jahrzehntelanger Anschauung nur den ersten aller Musikarbeiter auf der ganzen Welt und je berühmter der Karajan wurde, desto besser wurde er, was mein Freund, wie die ganze übrige musikalische Welt, nicht einsehen wollte. Von Kindheit an habe ich das Karajansche Genie sich entwickeln und perfektionieren sehen, bei beinahe allen Proben von Konzerten und Opern, die er in Salzburg und Wien einstudiert hat, war ich Zeuge gewesen. Die ersten

Konzerte, die ich in meinem Leben gehört habe, hat Karajan dirigiert, die ersten Opern, die ich gehört habe, auch Karajan. So hatte ich, muß ich sagen, von Anfang an eine gute Voraussetzung für mein musikalisches Fortkommen gehabt. Der Name Karajan sicherte von vornherein eine wilde Streiterei zwischen mir und dem Paul und wir haben, solange der Paul lebte, immer wieder über Karajan gestritten. Aber weder hatte ich Paul durch meine Beweise Karajan betreffend von dem Genie Karajan überzeugen können, noch Paul mich mit seinen gegen Karajan, also von dem Scharlatan. Für den Paul war, das störte sein philosophisches System nicht, die Oper sozusagen der Gipfel der Welt bis zu seinem Tode, während sie für mich schon damals eine ziemlich in den Hintergrund gedrängte, sehr frühe Leidenschaft gewesen war, eine Kunst, die ich nach wie vor liebe, auf die ich aber schon viele Jahre verzichten kann. Viele Jahre reiste der Paul, wie er noch Geld gehabt hat und Zeit, über den ganzen Erdball von einer Oper zur anderen, um am Ende immer wieder die Wiener als die größte von allen auszurufen. *Die Met ist nichts. Coventgarden ist nichts. Die Scala ist nichts.* Alle waren sie nichts gegen Wien. *Aber natürlich,* sagte er, *ist die Wiener Oper auch nur einmal im Jahr wirklich gut.* Nur einmal im Jahr, aber immerhin. Er hatte es sich leisten können, im

Zuge einer *verrückten* Dreijahresreise nacheinander alle sogenannten Weltopernhäuser aufzusuchen. Dabei lernte er so ziemlich alle größeren und großen und wirklich bedeutenden Kapellmeister und die von diesen hofierten und gezüchtigten Sänger und Sängerinnen kennen. Im Grunde war sein Kopf ein Opernkopf und sein eigenes Leben, das ihm mehr und mehr und dann in den letzten Jahren mit der größten Geschwindigkeit zu einer fürchterlichen Existenz geworden war, zur Oper, zur großen Oper naturgemäß, und ihr entsprechend, mit einem durchaus tragischen Ausgang. Im Moment spielte diese seine Oper gerade wieder in Steinhof und im Pavillon Ludwig, der einer der verwahrlosesten in ganz Steinhof war, wie ich bald sehen mußte. Der *Herr Baron*, wie mein Freund von allen betitelt wurde, hatte wieder einmal den weißen Frack, den er, wie ich weiß, sich von Knize schneidern ließ und sozusagen hinter meinem Rücken auch noch in seinen letzten Lebensjahren sehr oft in der Nacht, vornehmlich in der sogenannten *Edenbar* getragen hat, mit der Zwangsjacke vertauscht gehabt. Das Souper im Sacher oder im Imperial, wohin ihn seine nach wie vor zahlreichen wohlhabenden bis steinreichen, aristokratischen und nichtaristokratischen Freunde immer noch ab und zu einluden, mit dem Blechnapf auf dem Pavillon-Ludwig-Marmortisch, die eleganten englischen Socken und die Schuhe von Magli oder von Rosselli oder von Janko mit den im Pavillon Ludwig vorgeschriebenen derben weißen Wollstrümpfen und den klobigen Filzpantoffeln. Und er hatte schon wieder eine Reihe von Elektroschocks hinter sich, die er mir, wenn er wieder aus Steinhof entlassen war, nicht ohne Ironie und Sarkasmus in allen Grausamkeiten und Gemeinheiten und Niederträchtigkeiten und also Unmenschlichkeiten schilderte. Er war immer dann in Steinhof eingeliefert worden, wenn seine Umgebung vor ihm nicht mehr sicher war, wenn er auf einmal über Nacht allen mit dem Umbringen drohte und seinen eigenen Brüdern nichts weniger als deren Erschießen oder Erwürgen ankündigte und er war entlassen worden, wenn er von den Ärzten und ihrem medizinischen Größenwahn vollkommen zerstört gewesen war, wenn sich in ihm kaum mehr etwas regte, wenn er kaum den Kopf, geschweige denn seine Stimme erheben konnte. Dann verzog er sich an den Traunsee, wo die Familie auch heute noch ihre verschiedenen zwischen den Wäldern verstreut liegenden Besitzungen hat, an diversen wunderbaren Seezungen und Talschlüssen und auf Hügeln und Bergspitzen, Villen und Bauernhäuser, sogenannte Stöckeln und Ansitze, in welchen die Wittgensteins auch heute noch ihre von den eher unangenehmen Prozeduren des Reichtums erzwungenen Pausen einlegen. Der Pavillon Ludwig war im Augenblick *seine Residenz.* Und ich zögerte auf einmal, ob es ratsam sei, von mir aus, also vom Pavillon Hermann aus, eine Verbindung zum Pavillon Ludwig herzustellen, ob es uns beiden nicht eher Schaden als Nutzen bringe. Denn wer weiß, in was für einem Zustand der Paul sich wirklich befindet, möglicherweise in einem, der mir nur schädlich sein kann und es daher besser ist, ich melde mich vorläufig gar nicht, ich stelle keine Verbindung zwischen dem Pavillon Hermann und dem Pavillon Ludwig her. Umgekehrt, dachte ich, könnte ja mein Auftreten im Pavillon Ludwig, noch dazu ein überraschendes, für meinen Freund auch eine verheerende Wirkung haben. Tatsächlich fürchtete ich jetzt auf einmal ein Zusammentreffen und ich dachte, unsere Freundin Irina entscheiden zu lassen, ob eine Kontaktaufnahme zwischen dem Pavillon Hermann und dem Pavillon Ludwig angebracht sei oder nicht. Aber diesen Gedanken gab ich gleich wieder auf, denn ich wollte nicht, daß unsere Freundin aus einer wie immer gefällten uns betreffenden Entscheidung Schwierigkeiten erwachsen könnten. Aber vorläufig habe ich ja gar nicht die Kraft, zum Pavillon Ludwig hinüber zu gehen, dachte ich und ich gab den Gedanken, den Pavillon Ludwig aufzusuchen, überhaupt auf, weil er mit als *zu absurd* erschien. Schließlich kann ich ja nicht wissen, ob nicht der Paul eines Tages *hier* völlig unvermittelt auftaucht; das wäre ja durchaus möglich, dachte ich, weil ihm unsere geschwätzige Freundin gesagt hat, daß ich hier im Pavillon Hermann bin. Und tatsächlich fürchtete ich diese Tatsache. Wenn er plötzlich hier, auf dem Pavillon Hermann, auf dieser wie keine zweite, streng geführten und tatsächlich *todgeweihten* Station auftaucht in seiner Verrücktenkleidung, in seinen Verrücktenpantoffeln, dachte ich, in seinem Verrücktenhemd, in seiner Verrücktenjacke und in seiner Verrücktenhose. Davor hatte ich Angst. Ich wüßte nicht, wie ihm begegnen, wie ihn aufnehmen, wie ihn bewältigen. Daß es für ihn leichter sei, mich zu besuchen, als umgekehrt, dachte ich. Kann er sich nur einigermaßen rühren, ist er der erste, der hier auftaucht. Ein solcher Besuch muß unter allen Umständen mit einer Katastrophe enden, dachte ich. Ich schob den Gedanken weit weg von mir und versuchte auf einen gänzlich andern zu kommen, aber es gelang mir natürlich nicht. Die Tatsache, daß mich der Paul aufsucht, war mir schließlich zum Alptraum geworden. Ich hatte das Gefühl, jeden Augenblick könne die Tür aufgehen und der Paul könne hereinkommen. In seinem

Verrücktenaufzug. Und ich sah im Geiste, wie ihn die Wärter hier ausfindig machen und in die Zwangsjacke stecken und mit ihren Knüppeln nach Steinhof zurücktreiben, das fürchterliche Bild setzte sich in mir fest. Er ist unvorsichtig genug, sagte ich mir, und begeht den Fehler, kriecht unter dem Gitter durch und läuft in den Pavillon Hermann herein und stürzt auf mein Bett und umarmt mich. In seinen sogenannten kritischen Zuständen eilte er auf einen zu und umarmte einen so fest, daß man glaubte, unter seiner Umarmung ersticken zu müssen und heulte sich an der Brust des Umarmten aus. Ich fürchtete tatsächlich, er könne *plötzlich* hereinstürzen und mich umarmen und sich an meiner Brust ausheulen. Ich liebte ihn, aber ich wollte mich nicht von ihm umarmen lassen und ich haßte es, wenn er mit seinen neunundfünfzig oder sechzig Jahren sich an mir ausheulte. Sein ganzer Körper zitterte bei dieser Gelegenheit und er stammelte unverständliche Wörter. Und er hatte Schaum vor dem Mund und klammerte sich solange an einem fest, daß es bald nicht mehr erträglich war und man sich gewaltsam von ihm befreien mußte. Ich mußte ihn oft zurückstoßen, was ich natürlich nicht wollte, aber ich hatte keine andere Möglichkeit, er hätte mich erdrückt. In den letzten Jahren verschlimmerten sich diese Umarmungsanfälle und es bedurfte der äußersten Selbstverleugnung und einer beinahe übermenschlichen Kraft, sich aus seiner Umarmung zu befreien. Es war längst klar, daß ein solcher Mensch durch und durch tödlich erkrankt ist. Es war nur eine Frage der Zeit, wann er in einem solchen urplötzlichen Anfall endgültig zu ersticken hatte. *Du bist mein Freund, mein einziger Mensch, mein allereinzigster, den ich habe,* stammelte er zu dem Umarmten, der nicht wußte, wie und also auf welche krampflösende Weise er den Erbarmungswürdigen beruhigen könne. Ich fürchtete diese Umarmungen und ich hatte Angst, der Paul könne urplötzlich bei der Tür hereinstürzen. Aber er kam nicht. Ich fürchtete jeden Tag, ja jede Stunde, daß er hereinstürzt, aber er stürzte nicht herein. Von Irina erfuhr ich, daß er im Pavillon Ludwig wie tot auf seiner Pritsche liege und es ablehne, überhaupt irgendeine Mahlzeit zu sich zu nehmen. Diese Methode führte zu seiner totalen Entkräftung, die Ärzte ließen ihn, nachdem sie ihn zerstört hatten, in Ruhe. War er bis auf das Skelett abgemagert und konnte er noch lange nicht von selbst aufstehen, entließen sie ihn. Dann fuhr er im Auto eines seiner Brüder oder ohne einen seiner Brüder im Taxi an den Traunsee und verkroch sich ein paar Tage oder auch Wochen in jenem Wittgensteinschen Besitz, in welchem er bis zu seinem Tode das vertraglich genau festgelegte Wohnrecht hatte, in einem zweihundert Jahre alten, in einem Hochtal zwischen Altmünster und Traunkirchen gelegenen Bauernhaus, in welchem von einer alten, den Wittgensteinschen treu ergebenen und lebenslänglich anhängigen Magd eine kleine Landwirtschaft für die Privatbedürfnisse der Landurlaub machenden Wittgenstein betrieben wurde. Seine Frau Edith blieb in diesen Fällen in Wien zurück. Sie wußte, daß er sich nur dann erholte, wenn er *niemanden* um sich hatte, auch sie nicht, die ihm letzten Endes immer die Nächste und tatsächlich auch bis zu seinem Tode die Geliebte gewesen war. Wenn er am Traunsee war, suchte er mich immer auf, nicht in den ersten Tagen, aber später, wenn er sich wieder unter Menschen zu gehen getraute, wenn er die rücksichtslosen Sensationsblicke auf sich nicht mehr zu befürchten hatte, wenn er wieder zu Gesprächen, ja wieder zum Philosophieren aufgelegt war. Dann erschien er in Nathal und hörte sich, zuerst einmal, wenn das Wetter danach war, allein im Hof sitzend, die Augen geschlossen, eine von mir im ersten Stock abgespielte Schallplatte an, die bei weitgeöffneten Fenstern vom Hof unten auf das vorzüglichste anzuhören war. *Einen Mozart bitte. Einen Strauß bitte. Einen Beethoven bitte,* sagte er. Ich wußte, was für eine Platte ich aufzulegen hatte, um ihn in die richtige Stimmung zu versetzen. Wir hörten stundenlang zusammen Mozartmusik, Beethovenmusik, ohne auch nur ein Wort zu sprechen. Das liebten wir beide. Ein kleines, von mir hergerichtetes Nachtmahl beendete den Tag und ich fuhr ihn im Auto durch den Abend in sein Haus zurück. Diese wortlosen Musikabende mit ihm werde ich nicht vergessen. Er brauchte etwa zwei Wochen, bis er sich dann, wie er selbst es bezeichnete, *normalisierte.* Er blieb solange, bis ihm das Land auf die Nerven ging und er nichts als nach Wien zurück wollte. Dort ging es dann vier oder fünf Monate dahin, bis sich wieder die ersten Anzeichen seiner Krankheit bemerkbar machten etcetera. Die ersten Jahre unserer Freundschaft hatte er fast pausenlos getrunken, was seinen Krankheitsprozeß naturgemäß beschleunigte. Als er das Trinken aufgab, tatsächlich ohne Widerrede, verschlechterte sich sein Zustand zuerst beängstigend, um sich dann doch stark zu verbessern. Er trank keinen Alkohol mehr. Niemand hat so gern getrunken wie er, den Champagner flaschenweise am Vormittag im Sacher, das war ihm eine lächerliche Alltäglichkeit, nicht der Erwähnung wert. Im Obenaus, einem kleinen Lokal in der Weihburggasse, trank er mehrere Liter Weißwein an einem Abend. Das rächte sich. Ich glaube, etwa fünf oder sechs Jahre vor seinem Tod hat er das Trinken aufgegeben. Sonst wäre er wahrscheinlich drei oder vier Jahre früher gestorben, was, so denke ich, unendlich schade gewesen wäre. Denn in den letzten Lebensjahren erst entwickelte er sich zum tatsächlichen Philosophen, nachdem er bis dahin nur ein philosophierender Genießer gewesen war, der, das machte ihn ja so liebenswert, allerdings so genießen konnte, wie kein zweiter in meinem Leben. Im Pavillon Hermann und letzten Endes *in Todesangst,* ist mir deutlich bewußt geworden, was meine Beziehung zu meinem Freund Paul wirklich wert ist, daß sie in Wahrheit die wertvollste von allen meinen Beziehungen zu Männern ist, die einzige, die ich länger als nur die kürzeste Zeit ausgehalten habe und auf die ich unter keinen Umständen hätte verzichten wollen. Nun hatte ich plötzlich Angst um diesen Menschen, der mir auf einmal zu meinem allernächsten geworden war, daß ich ihn verlieren könnte, und zwar in zweierlei Hinsicht: *durch meinen,* wie auch *durch seinen Tod,* denn so nahe ich selbst in diesen Wochen und Monaten im Pavillon Hermann dem Tod gewesen bin, wie ich ja letzten Endes selbst fühlte, so nahe war er dem seinigen im Pavillon Ludwig. Ich hatte auf einmal Sehnsucht nach diesem Menschen, der doch der einzige männliche gewesen war, mit welchem ich mich auf die mir entsprechende Weise hatte unterhalten können, ein Thema haben und habe entwickeln können, gleich welcher Natur und ist es das schwierigste gewesen. Wie lange entbehre ich schon diese Gespräche, diese Fähigkeit zuzuhören, aufzuklären, gleichzeitig *aufzunehmen,* dachte ich, wie lange liegen unsere Gespräche über Webern, über Schönberg, über Satie zurück, über *Tristan* und *Zauberflöte,* über *Don Juan* und *Die Entführung.* Wie lange ist es her, daß er mit mir im Hof in Nathal die *Rheinische* unter Schuricht angehört hat. Jetzt im Pavillon Hermann weiß ich erst, was ich entbehre, was mir durch meine neuerliche Erkrankung entzogen worden ist und was ich im Grunde nicht entbehren kann, will ich existieren. Ich habe ja Freunde, die besten Freunde, aber keinen, dessen Erfindungsreichtum und dessen Sensibilität mit der Pauls zu vergleichen wäre, dachte ich, und ich tat von diesem Augenblick an alles, um so bald als möglich den persönlichen Kontakt zu meinem unglücklichen Geistespartner wiederherzustellen. Wenn wir beide wieder draußen und *gesund* sind, sagte ich mir, werde ich alles nachholen, was ich durch den Aufenthalt auf der Baumgartnerhöhe versäumt habe, ich hatte, wie gesagt wird, einen ungeheuerlichen Nachholbedarf meines Kopfes. Unendlich viele Themen hatten sich in meinem Kopf aufgestaut, warteten auf meinen Gesprächspartner.

Der aber lag möglicherweise tatsächlich noch immer, wie mir unsere Freundin Irina Tage vorher berichtet hatte, in seiner Zwangsjacke auf seiner Pritsche und verweigerte, ununterbrochen auf die Decke seines mit vierundzwanzig anderen benützten Zimmers starrend, jede Nahrungsaufnahme. Ich muß so bald als möglich zu ihm, sagte ich mir. In diesen Wochen war die größte Hitze, unter welcher vor allem der Immervoll zu leiden hatte. Sein Siebzehnundvierspiel hatte er aufgeben müssen, er war nicht mehr imstande, aufzustehen von einem Tag auf den andern. Sein Gesicht war auf einmal eingefallen, die Nase war plötzlich riesengroß, die Backenknochen machten es auf eine unheimliche Weise grotesk. Seine Haut war durchsichtig grau, die meiste Zeit lag er völlig abgedeckt im Bett, ungeniert, schließlich mit weit auseinandergespreizten Beinen, die fast ohne Fleisch waren. Er konnte sich die Urinflasche nicht mehr selbst nehmen und da er alle Augenblicke Wasser lassen mußte und die Schwestern naturgemäß nicht fortwährend in unserem Zimmer sein konnten, war ich es, der ihm die Urinflasche gab. Aber er war schon so ungeschickt, daß er nur mehr noch daneben machte. Die meiste Zeit hatte er den Mund offen, aus welchem eine grünlich-gelbe Flüssigkeit herausrann, die schon gegen Mittag seine Polster verfärbt hatte. Und auf einmal hatte er auch jenen Geruch verströmt, den ich gut kannte: den der Sterbenden. Unser Theologiestudent hatte sich in diesen Tagen mehr mir als dem Immervoll zugewandt, die meiste Zeit las er in einem theologischen Buch, andere, so mein Eindruck, las er überhaupt nicht. Wenn seine Eltern aus Grinzing herüber kamen, setzten sie sich zu ihm ans Bett und gaben ihm im großen und ganzen nichts anderes zu verstehen, als daß sie nichts mehr auf der Welt haben als ihn und daß er sie nur ja nicht verlassen solle. Aber was ihn betrifft, hatte *ich* nicht das Gefühl, daß es mit ihm dahinging. Den Immervoll hatten sie irgendwann einmal in der Nacht in seinem Bett hinausgefahren auf den Gang, ich hatte seinen Tod verschlafen, auf dem Gang war sein Bett schon frisch überzogen gewesen, als ich in der Frühe mit meiner Fiebertafel in die Ambulanz ging zur Gewichtskontrolle. Ich selbst war auch bis auf die Knochen abgemagert, bis auf mein Mondgesicht und meinen dicken Bauch, der eine entsetzlich gefühllose Kugel geworden war, die, so mein Eindruck, jeden Augenblick hätte zerplatzen können und auf welcher sich mehrere kleine Fisteln gebildet hatten. Als ich aus dem Radio meines nachbarlichen Theologiestudenten die Übertragung eines Autorennens hörte, aus Monza, dachte ich, daß mein Freund Paul neben seiner Leidenschaft für die Musik keine andere mehr gehabt hat mit solcher Intensität, als die für den sogenannten Autorennsport. Er selbst war in seiner frühen Jugend Autorennen gefahren und zu seinen besten Freunden gehörten eine Reihe von Weltmeistern auf diesem Gebiet, das mich persönlich immer abgestoßen hat, weil ich denke, daß es kein stumpfsinnigeres gibt. Aber so war mein Freund: ausgestattet mit beinahe allen Möglichkeiten. Unvorstellbar, daß derselbe Mensch, der meiner Ansicht nach das Klügste über die Beethovenschen Streichquartette gesagt hat, der als einziger mir die Haffnersymphonie erst richtig aufgeschlüsselt und zu dem mathematischen Wunder gemacht hat, als das ich sie seither empfinde, ein leidenschaftlicher Automobilrennsportfanatiker gewesen war, dem, wie ich weiß, der Lärm der ihren mörderischen Kurs rasenden Automobile eine ebensolche Musik in den Ohren gewesen ist. In vielen Sommern hatten die Wittgenstein, die alle Autorennsportfanatiker waren und heute noch sind, die besten Rennfahrer auf ihre Besitzungen am Traunsee eingeladen und ich selbst erinnere mich, bin beispielsweise mit dem Jackie Stewart und mit Graham Hill, diesen lustigen Burschen, auch mit dem kurz darauf in Monza tödlich verunglückten Jochen Rindt, von Paul dazu aufgefordert, in seinem Haus auf dem Traunseehügel

Abende und halbe Nächte zusammengewesen. Jetzt, mit über sechzig, sehe er natürlich die Sache anders, hatte er gesagt, tatsächlich ja auch als Stumpfsinn, als welchen ich den Automobilrennsport ihm gegenüber immer bezeichnet habe. Aber die *Formel I* war in ihm immer so deutlich wirksam gewesen, daß es beinahe unmöglich gewesen war, mit ihm zusammen zu sein, ohne daß er nicht irgendwann einmal auf seinen geliebten Automobilrennsport gekommen wäre, er fand schon eine Möglichkeit, plötzlich den Automobilrennsport ins Gespräch zu bringen, freilich ohne dann damit wieder aufhören zu können, was einen aber gleich wieder nachdenken ließ, wie er von dem auf einmal wieder die Oberhand gewonnenen, ihm tatsächlich lebenslänglich zu einem grausamen Wahn gewordenen Automobilrennsport, abzubringen sei. Tatsächlich hatte er zwei Leidenschaften, die gleichzeitig seine zwei Hauptkrankheiten waren: die Musik und den Automobilrennsport. In der ersten Lebenshälfte war es der Automobilrennsport, der ihm alles gewesen war, in der zweiten die Musik. Und das Segeln. Aber wo war jetzt die Zeit, in welcher er diese seine sportlichen Leidenschaften wirklich austoben konnte? Als ich ihn kennengelernt habe, waren diese Automobilrennsportleidenschaften schon nurmehr noch theoretische gewesen, praktisch fuhr er längst keine Rennen mehr und er segelte auch nicht mehr. Er hatte kein eigenes Geld mehr und die Verwandten hielten ihn kurz, sie hatten ihn in der Zwischenzeit, als er schon jahrelang letzten Endes nurmehr noch von seiner Depression beherrscht gewesen war, in eine Versicherungsanstalt auf dem Schottenring gesteckt, im sogenannten Ringturm, in welchem er sich auf einmal, weil ihm nichts anderes übriggeblieben war, sein Geld selbst verdienen mußte, wie man sich denken kann, mit Aktentragen und Listenaufstellen, nicht viel. Aber er hatte schließlich eine Frau und er mußte seine Wohnung in der Stallburggasse schräg gegenüber der Spanischen Hofreitschule bezahlen. Und die Ersterbezirkmieten sind die höchsten. Der bis dahin freie *Herr Baron* hatte jetzt um halb acht Uhr früh ein Büro zu betreten, in welchem ihm nichts, das ein solches Büro zu bieten hat, erspart geblieben ist. Aber diese Tatsache hat ihn nicht gebrochen. Er hat sich die meiste Zeit darüber lustig gemacht und seine Phantasie blühte auf, wenn er Lust hatte, die Zustände in der sogenannten *städtischen Versicherungsanstalt* zu schildern und zum Besten zu geben. Allein mit diesen Geschichten konnte er einen ganzen Abend lang eine Gesellschaft unterhalten, er sei froh, endlich einmal unter das Volk gegangen zu sein, auf einmal zu sehen, wie es wirklich ist, was es wirklich treibt. Ich denke, seine Verwandten haben ihn in dieser Versicherungsanstalt nur deshalb untergebracht, weil sie zu dem Direktor dieses Instituts eine Beziehung hatten, ohne diese Beziehung hätte ihn die Versicherungsanstalt nicht aufgenommen, noch dazu in einem Alter, in welchem keine Firma einen fast Sechzigjährigen seiner Kategorie mehr aufnimmt. Arbeiten müssen, um Geld zu verdienen, den eigenen Lebensunterhalt sozusagen, war für ihn etwas vollkommen Neues gewesen und alle hatten sein Scheitern vorausgesehen. Sie hatten sich aber getäuscht, denn der Paul ist bis knapp vor seinem Lebensende, als es ihm dann einfach nicht mehr möglich gewesen war, in die Versicherungsanstalt auf dem Schottenring zu gehen, hineingegangen, pünktlich hinein und pünktlich hinaus, wie es sich gehörte. *Ich bin ein ganz und gar vorbildlicher Beamter,* hatte er oft gesagt und ich zweifelte niemals an seiner Feststellung. Seine Frau Edith, seine zweite, hatte er, so glaube ich, in Berlin kennengelernt, wie ich annehme, vor, nach oder während eines Opernbesuchs. Sie war eine Nichte des Komponisten Giordano, der *André Chenier* komponiert hat und hatte ihre Verwandten hauptsächlich in Italien, wohin sie jedes Jahr mit oder ohne Paul, meistens aber ohne Paul, ihrem dritten Mann, reiste, um sich zu regenerieren. Ich hatte sie ausgesprochen gern und mich freute es jedesmal, wenn ich sie im Bräunerhof bei einer Schale Kaffee sitzen gesehen habe. Ich führte die angenehmsten Gespräche mit ihr und sie war, abgesehen davon, daß sie aus *bestem Hause* gewesen war, auch noch weit über den gehobenen Durchschnitt hinaus intelligent und charmant dazu. Daß sie auch sehr elegant gewesen war, war als Frau des Paul Wittgenstein eine Selbstverständlichkeit. In den für sie zweifellos bittersten Jahren, als sich die Krankheit ihres Mannes rapide und unaufhaltsam auf den abzusehenden Tod zu verschlimmerte, seine Anfälle in immer kürzeren Abständen aufgetreten sind und er mehr in Steinhof und im Linzer Wagner-Jauregg-Krankenhaus gewesen ist als in Wien oder am Traunsee, hat sie, obwohl ich genau wußte, unter welchen ungeheuer schwierigen Verhältnissen sie existieren mußten, niemals geklagt. Sie liebte den Paul und sie hatte ihn nicht eine Minute alleingelassen, obwohl sie die meiste Zeit von ihm getrennt gewesen war, denn sie war immer in der Stallburggasse, in dieser kleinen Jahrhundertwendewohnung, während ihr Mann in Steinhof oder im Wagner-Jauregg-Krankenhaus in Linz, das früher nur als *Niedernhart* bezeichnet worden war, in der Zwangsjacke in irgendeinem entsetzlichen Saal mit seinesgleichen mehr oder weniger dahinvegetierte.

Seine Anfälle kamen nicht von einem Augenblick auf den andern, sie hatten sich immer schon wochenlang vorher angekündigt, wenn er auf einmal mit den Händen zu zittern anfing, keinen Satz zu Ende sprechen konnte, aber ununterbrochen redete, stundenlang, seine Rede nicht abzubrechen war, wenn er einen vollkommen unregelmäßigen Gang hatte auf einmal, also neben einem plötzlich zehn oder elf Schritte sehr schnell, dann wieder drei, vier oder fünf besonders langsam ging, wenn er die Leute auf der Straße ansprach ohne sie zu kennen und ohne ersichtlichen Grund oder beispielsweise im Sacher um zehn Uhr vormittags eine Flasche Champagner bestellte, aber nicht trank, sondern warm werden und stehen ließ. Aber das sind Harmlosigkeiten. Schlimmer war schon, daß er das gerade von ihm bestellte und vom Kellner an seinen Tisch gebrachte volle Frühstückstablett packte und auf die mit Seidentapeten bezogene Wand schleuderte. Auf dem Petersplatz ist er, wie ich weiß, einmal in ein Taxi gestiegen und hat nur das Wort *Paris* gesagt, worauf ihn der Fahrer, der ihn kannte, tatsächlich nach Paris gefahren hat, wo eine dort lebende Wittgensteinsche Tante dann die Fahrkosten zu bezahlen hatte. Zu mir nach Nathal ist er auch mehrere Male mit dem Taxi gekommen nur auf eine halbe Stunde, *nur um dich zu sehen,* wie er sagte, um dann gleich wieder nach Wien zurückzufahren, immerhin eine Strecke von zweihundertzehn Kilometern in einer Richtung, also von vierhundertzwanzig insgesamt. Er konnte, war er wieder *reif*, wie er selbst sagte, kein Glas mehr halten und alle Augenblicke verlor er die Beherrschung und brach in Tränen aus. Er kam einem immer in hocheleganten Kleidern entgegen, die ihm verstorbene Freunde vermacht oder noch lebende geschenkt hatten und er saß beispielsweise um zehn Uhr vormittags in einem weißen Anzug im Sacher, um halb zwölf in einem graugestreiften im Bräunerhof, um halb zwei im Ambassador in einem schwarzen und um halb vier nachmittags wieder im Sacher in einem semmelgelben. Wo er ging oder stand, intonierte er nicht nur ganze Wagnerarien, sondern sehr oft auch den halben *Siegfried* oder die halbe *Walküre* mit seiner brüchigen Stimme, unbekümmert um seine Umgebung. Auf der Straße sprach er ihm gänzlich fremde Leute an, ob sie nicht auch seiner Meinung seien, daß es nach Klemperer unerträglich geworden sei, Musik zu hören. Die meisten, die er auf diese Weise angesprochen hat, hatten von Klemperer niemals etwas gehört und von Musik überhaupt keine Ahnung, das störte ihn aber nicht. Wenn er Lust hatte, hielt er mitten auf der Straße einen Vortrag über *Strawinsky* oder *Die Frau ohne Schat-*

ten und kündigte an, er werde *Die Frau ohne Schatten demnächst* auf dem Traunsee in Szene setzen, mit den besten Musikern der Welt. *Die Frau ohne Schatten* war seine Lieblingsoper, von den Wagneropern abgesehen. Tatsächlich hatte er bei den berühmtesten Sängerinnen und Sängern immer wieder angefragt, wie hoch ihre Honorarforderungen seien für ein Gastspiel in der *Frau ohne Schatten* auf dem Traunsee. *Ich baue eine schwimmende Bühne,* hat er oft gesagt, *und die Philharmoniker spielen auf einer zweiten schwimmenden Bühne unterhalb des Traunsteins. Die Frau ohne Schatten gehört auf den Traunsee, sie muß zwischen Traunkirchen und Traunstein gespielt werden,* so er. *Der Tod von Klemperer hat meinen Plan vereitelt,* sagte er, *mit Böhm wird mir Die Frau ohne Schatten zum Katzenjammer.* Einmal hat er sich beim Knize, dem besten und teuersten Schneider von Wien, zwei weiße Fracks auf einmal anmessen lassen. Als die Kleidungsstücke fertig gewesen waren, hat er der Firma Knize mitteilen lassen, daß es doch absurd sei, ihm tatsächlich zwei weiße Fracks zu liefern, wo er sich nicht einmal *einen schwarzen* hätte bei der Firma Knize schneidern lassen, ob die Firma Knize vielleicht gar glaube, daß er verrückt sei. Tatsache ist, daß er wochenlang in die Firma Knize gegangen ist nur zu dem Zweck, andauernd Änderungen an den beiden von ihm bestellten Fracks vornehmen zu lassen. Nicht nur Wochen, sondern Monate ist die Firma Knize von ihm mit Änderungswünschen gepeinigt worden und in dem Augenblick, in welchem die beiden weißen Fracks fertig gewesen waren, stritt der Paul der Firma Knize gegenüber überhaupt ab, jemals bei ihr zwei Fracks bestellt gehabt zu haben, *weiße Fracks, was denken die, ich bin doch nicht verrückt, daß ich mir zwei weiße Fracks anmessen lasse und ausgerechnet auch noch bei der Firma Knize.* Die Firma Knize forderte, ausgerüstet mit einem Bündel von Beweisen, von Paul ihr *Honorar,* das aber naturgemäß, weil der Paul kein Geld hatte, von der Familie Wittgenstein bezahlt werden mußte. Selbstverständlich landete der Paul nach dieser Affäre wieder in Steinhof. Seine Verwandten sahen ihn lieber dort, als in Freiheit, die er, wie sie denken mußten, immer nur auf das gröbste mißbrauchte. Sie haßten ihn, obwohl und weil er tatsächlich ihr mir allerliebstes Produkt war. Es war schon grotesk, daß wir auf einmal beide auf unserem Schicksalsberg, dem Wilhelminenberg, waren. Ich in der mir zustehenden Lungen-, er in der ihm zustehenden Irrenabteilung. Immer wieder hatte er mir an seinen Fingern abzuzählen versucht, wie oft er schon in Steinhof und in Niedernhart, also im Wagner-Jauregg-Krankenhaus, gewesen ist, aber seine Finger reichten nicht aus und er kam dadurch niemals auf die richtige Zahl. Während Geld in der ersten Hälfte seines Lebens überhaupt keine Rolle gespielt hat, weil es ihm, wie seinem Onkel Ludwig, in ungeheueren und, wie es beiden schien, unerschöpflichen Mengen zur Verfügung gestanden war, spielte es in seiner zweiten Lebenshälfte, in welcher er überhaupt keins mehr hatte, die größte. Mehrere Jahre hatte er in der zweiten Lebenshälfte so gehandelt wie in der ersten, was naturgemäß zu den größten Zerwürfnissen mit seinen Verwandten führte, an die er, wenigestens juristisch, keinerlei Ansprüche mehr zu stellen hatte. Als kein Geld mehr da war, über Nacht, hatte er ganz einfach die Gemälde von den Wänden seiner Behausungen heruntergenommen und an skrupellose Händler in Wien und Gmunden verschleudert. Auch die meisten seiner kostbaren Möbelstücke verschwanden in den diversen Lastwagen raffinierter sogenannter Altwarenhändler, die ihm für seine Kostbarkeiten nur einen Pappenstiel zu geben bereit waren. Für eine josefinische Kommode gaben sie ihm nicht mehr, als eine Flasche Champagner kostete, die er gleich mit dem Altwarenhändler, der seine Kommode *gekauft* hat, austrank. Am Ende hatte er den wiederholt vorgebrachten Wunsch, wenigstens nach Venedig zu fahren, um sich *im Gritti einmal auszuschlafen,* aber für einen solchen Wunsch war es bereits zu spät. Über seine Aufenthalte in Steinhof wie im Wagner-Jauregg-Krankenhaus hat er mir die unglaublichsten Berichte gegeben, die es wert wären, weitergegeben zu werden, wofür aber hier nicht der Platz ist. *Mit den Ärzten war ich befreundet, solange ich noch Geld gehabt hab,* sagte er, *aber dann, wenn du keins mehr hast, behandeln sie dich wie eine Sau,* sagte er oft. Der Herr Baron wurde von den Pflegern in einen der Käfige, also in eines der Hunderte von Gitterbetten, die nicht nur an den Seiten, sondern auch in der Höhe vollkommen vergittert sind, gesperrt und war dort solange niedergehalten, bis er gebrochen und also erledigt gewesen war. Nach wochenlanger Schlag- und Schocktherapie. Ich hatte Angst, den Paul wiederzusehen. Eines Tages war es soweit. Zwischen Mittagessen und Besuchszeit, in welcher im Pavillon Hermann vollkommene Ruhe herrscht, war ich durch seine Hand, die er auf meine Stirn gelegt hatte, aufgewacht. Er stand da und fragte, ob er sich setzen dürfe. Er setzte sich auf mein Bett und bekam zuallererst einen *Lachkrampf,* weil es auch ihm auf einmal zu komisch gewesen war, gleichzeitig mit mir auf dem Wilhelminenberg zu sein, *du da, wo du hingehörst,* sagte er und *ich da, wo ich hingehöre.* Er war nur kurz geblieben, wir vereinbarten, uns öfter gegenseitig zu treffen, einmal sollte ich nach Steinhof hinüber gehen, einmal er von Steinhof herüber auf die Baumgartnerhöhe zu mir, ich vom Pavillon Hermann in den Pavillon Ludwig, er vom Pavillon Ludwig zu mir in den Pavillon Hermann. Aber wir hatten dieses Vorhaben nur ein einziges Mal in die Tat umgesetzt. Wir hatten uns auf halbem Weg zwischen dem Pavillon Hermann und dem Pavillon Ludwig getroffen und uns auf eine Bank gesetzt, auf eine, die gerade noch zum Lungenareal gehört. *Grotesk, grotesk!* sagte er, worauf er zu weinen anfing und nicht mehr aufhörte. Sein ganzer Körper war lange Zeit von seinem Weinen geschüttelt. Ich begleitete ihn bis vor den Pavillon Ludwig, vor dessen Tür ihn schon zwei Wärter erwarteten. Ich kehrte in der allertraurigsten Verfassung in den Pavillon Hermann zurück. Diese Begegnung auf der Bank, beide steckten wir in unseren vorgeschriebenen Uniformen, ich in der der Lungenkranken, er in der der Steinhofverrückten, hatte auf mich die allertiefste Wirkung gehabt. Wir hätten uns nach dieser Begegnung wieder treffen können, aber wir haben uns nicht mehr getroffen, weil wir uns einer solchen beinahe unerträglichen Belastung nicht mehr aussetzen wollten, wir fühlten beide, daß diese eine Begegnung jede weitere auf dem Wilhelminenberg unmöglich gemacht hatte, es war darüber nicht ein einziges Wort zu verlieren gewesen. Als ich schließlich aus dem Pavillon Hermann entlassen und nicht, wie mir vorausgesagt, gestorben war und nach Nathal zurückgekommen bin, hörte ich eine Zeitlang nichts mehr von meinem Freund. Ich hatte die größte Mühe, mich zu *normalisieren,* an eine neue Arbeit war noch nicht zu denken gewesen, aber ich bemühte mich, das während meiner Abwesenheit tatsächlich ziemlich verwahrloste Haus in Ordnung zu bringen, langsam, sagte ich mir, nur langsam nach und nach wieder jene Bedingungen herstellen, die es mir eines Tages wieder möglich machen, eine Arbeit anzufangen. Der Kranke, der monatelang von zuhause weg ist, kommt zurück als einer, dem alles fremd geworden ist und der sich nur nach und nach und auf das mühseligste mit allem wieder anfreunden und sich alles wieder aneignen muß, gleich, um was es sich handelt, es ist ihm in der Zwischenzeit tatsächlich verloren gegangen, jetzt muß er es wiederfinden. Und da der Kranke grundsätzlich immer alleingelassen ist, alles andere ist eine perverse Lüge, muß er sich schon um ganz und gar übermenschliche Kräfte bemühen, will er wieder da weitermachen können, wo er Monate oder, wie in meinem Falle schon mehrere Male, gar Jahre vorher, aufgehört hat. Das begreift der Gesunde nicht, er ist sofort ungeduldig und erschwert aus seiner Ungeduld heraus gerade da dem zurückgekehrten Kranken alles das, was er ihm erleichtern sollte. Die Gesunden haben noch nie mit den Kranken Geduld gehabt und naturgemäß auch die Kranken nicht mit den Gesunden, was nicht vergessen werden darf. Denn der Kranke stellt naturgemäß viel höhere Ansprüche an alles, wie der Gesunde, der solche höheren Ansprüche ja nicht zu stellen braucht, weil er gesund ist. Die Kranken verstehen die Gesunden nicht, wie umgekehrt die Gesunden nicht die Kranken und dieser Konflikt ist sehr oft ein tödlicher, dem letzten Endes der Kranke nicht gewachsen ist, aber auch naturgemäß nicht der Gesunde, der an einem solchen Konflikt schon oft krank geworden ist. Es ist nicht leicht, mit einem Kranken, der plötzlich wieder da ist, wo ihn Monate oder Jahre vorher die Krankheit herausgerissen hat, aus allem nämlich, umzugehen und die Gesunden haben meistens auch gar nicht den Willen, dem Kranken zu helfen, in Wahrheit heucheln sie fortwährend ein Samaritertum, das sie nicht haben, nicht haben wollen und das, weil es ein geheucheltes ist, dem Kranken nur schadet und nicht im geringsten nützt. Der Kranke ist tatsächlich immer allein und die Hilfe, die ihm von außen zuteil wird, stellt sich beinahe immer nur als ein Hindernis oder als eine Störung heraus, wie wir wissen. Der Kranke braucht die unmerklichste aller Hilfen, die zu leisten aber die Gesunden nicht imstande sind. Sie beschädigen mit ihrer letzten Endes egoistischen Hilfeheuchelei den Kranken nur und erschweren ihm alles, anstatt es ihm zu erleichtern. Die Helfenden helfen dem Kranken meistens nicht, sondern sie belästigen ihn. Der wieder nach Hause gekommene Kranke aber kann sich keinerlei Belästigung leisten. Macht der Kranke darauf aufmerksam, daß man ihn, anstatt ihm zu helfen, in Wahrheit belästigt, wird er von denen, die nur vorgegeben haben, ihm zu helfen, vor den Kopf gestoßen. Er wird des Hochmuts bezichtigt, des grenzenlosen Egoismus, wo es sich bei ihm doch nur um die äußerste Notwehr handelt. Die Welt der Gesunden empfängt den nach Hause gekommenen Kranken nur mit einer scheinbaren Freundlichkeit, nur mit einer scheinbaren Hilfsbereitschaft, nur mit einem scheinbaren Opfermut; werden diese Freundschaft und diese Hilfsbereitschaft und dieses Opfertum aber einmal von dem Kranken wirklich auf die Probe gestellt, haben sie sich schon nur als scheinbare und also zur Schau getragene Bereitwilligkeiten herausgestellt, auf die der Kranke am besten verzichtet. Aber nichts ist naturgemäß schwieriger als die tatsächliche Freundschaft und die tatsächliche Hilfsbereitschaft und das tatsächliche Opfertum und die Grenze zwischen dem *Tatsächlichen* und dem *Scheinbaren* ist auch in dieser Beziehung schwer auszumachen. Wir glauben sehr lange, es handelt sich um ein Tatsächliches, während es sich doch nur um ein Scheinbares gehandelt hat, vor welchem wir lange Zeit blind gewesen sind. Die Heuchelei der Gesunden dem Kranken gegenüber ist die verbreitetste. Im Grunde will der Gesunde mit dem Kranken nichts mehr zu tun haben und er sieht es gar nicht gern, wenn der Kranke, ich spreche von einem tatsächlich Schwerkranken, auf einmal wieder Anspruch erhebt auf seine Gesundheit. Die Gesunden machen es den Kranken immer nur besonders schwer, wieder gesund zu werden oder wenigstens sich wieder zu *normalisieren* oder wenigstens ihren Krankheitszustand zu verbessern. Der Gesunde will, wenn er ehrlich ist, mit dem Kranken nichts zu tun haben, er will nicht an Krankheit und dadurch naturgemäß und folgerichtig an den Tod erinnert sein. Der Gesunde will unter sich und unter seinesgleichen sein, er duldet im Grunde den Kranken nicht. Es ist mir selbst immer schwer gemacht worden, aus der Welt der Kranken in die Welt der Gesunden zurückzukehren. In der Krankheitszeit, also in der Zwischenzeit, hatten sich die Gesunden von dem Kranken vollkommen abgewandt, sie hatten ihn aufgegeben und waren damit nur ihrem Selbsterhaltungstrieb gefolgt. Jetzt ist auf einmal der, welcher schon verarbeitet worden war von ihnen und letzten Endes schon gar nicht mehr in Betracht gekommen war, wieder da und fordert seine Rechte. Und man gibt ihm naturgemäß sofort zu verstehen, daß er im Grunde keinerlei Recht hat. Die Kranken haben, von den Gesunden aus gesehen, kein Recht mehr. Ich spreche immer nur von Schwerkranken, die eine Lebenskrankheit haben wie ich und wie sie der Paul Wittgenstein gehabt hat. Die Kranken sind durch ihre Krankheit Entmündigte, die nur das Gnadenbrot der Gesunden zu essen haben. Der Kranke hat durch seine Krankheit Platz gemacht und beansprucht jetzt auf einmal wieder seinen Platz. Das wird von den Gesunden immer als ein Akt der absoluten Unerhörtheit empfunden. So hat der zurückgekehrte Kranke immer das Gefühl, er dränge sich plötzlich in einen Bereich hinein, in welchem er nichts mehr zu suchen habe. Der Vorgang ist weltweit bekannt: der Kranke geht und ist weg und die Gesunden nehmen sofort seinen Platz ein und nehmen diesen Platz tatsächlich in Besitz und auf einmal kommt der Kranke, der nicht gestorben ist, wie angenommen, zurück und will wieder seinen Platz einnehmen, in Besitz nehmen, was die Gesunden aufbringt, weil sie durch das Wiederauftauchen des schon Abgeschriebenen, sich neuerlich einzuschränken haben, was ganz gegen ihren Willen ist und was dann von dem Kranken die übermenschlichsten Kräfte erfordert, nämlich, daß er seinen Platz wieder einnimmt und in Besitz nimmt. Andererseits wissen wir aber auch, daß die Schwerkranken, wenn sie wieder nach Hause kommen, mit der größten Rücksichtslosigkeit an ihre *Wiederinbesitznahme* gehen. Sie haben manchmal sogar die Kraft, die Gesunden abzudrängen und gänzlich wegzudrängen, ja zu töten. Aber diese Fälle sind höchst selten und der alltägliche ist der, von welchem ich vorher gesprochen habe: Der nach Hause kommende Kranke erwartet ihm gegenüber nichts als Behutsamkeit und begegnet letzten Endes doch nur der brutalen Heuchelei, die der Kranke, weil er der Hellsichtige ist, sofort durchschaut. Den nach Hause kommenden Kranken und das heißt Schwerkranken, ist mit Behutsamkeit zu begegnen. Aber das ist so schwierig, daß wir es kaum erleben, daß einem heimkehrenden Schwerkranken mit Behutsamkeit begegnet wird. Die Gesunden geben ihm sofort das Gefühl, er gehöre gar nicht mehr her und also zu ihnen und sie versuchen mit allen Mitteln, während sie das Gegenteil sagen, den nach Hause gekommenen Kranken abzustoßen. Aber alle diese Schwierigkeiten hatte ich damals nicht, denn ich bin ja in ein vollkommen menschenleeres Haus gekommen. Und der inzwischen auch entlassene Paul glücklicherweise zu seiner Frau Edith. Ich habe kaum einen hilfreicheren Menschen kennengelernt, als die Frau meines Freundes Paul, die ihn solange mit Liebe umsorgt hat, bis sie selbst eines Tages, etwa ein halbes Jahr vor seinem eigenen Tod, vom Schlag getroffen worden ist und danach zum Teil gelähmt war. Sie tauchte nach einem langen Krankenhausaufenthalt zwar monatelang immer wieder in der Inneren Stadt auf, aber sie war naturgemäß nicht mehr die gleiche Edith wie vorher. Noch scheuer als vor dem Schlaganfall, war sie nurmehr noch darauf bedacht, in der nächsten Nähe ihrer Wohnung ihre Einkäufe zu besorgen und, weil ihr das Kochen doch zu viel Mühe gemacht hatte, ihre Mittagsmahlzeit in dem in der Dorotheergasse gelegenen Grabenhotel einzunehmen, in welchem es immer billig, aber früher im Gegensatz zu heute, auch ausgezeichnet gewesen war. Nachdem die beiden Besitzer des Grabenhotels, die auch das Regina und das Royal besessen hatten, nicht mehr lebten, beide sind an der sogenannten Parkinsonschen Krankheit gestorben, war das Essen in allen dreien dieser Hotelrestaurants nicht mehr zu essen und ich gehe auch die längste Zeit nicht mehr hin, was schade ist, denn man sitzt gerade im Grabenhotel auf das angenehmste. Eines Tages war die Edith tot, mein Freund Paul stand sozusagen allein da. Es ging rapide bergab mit ihm. Manchmal sah es so aus, als wäre er noch der alte, aber der Tod war ihm doch schon *ins Gesicht geschrieben*, wie gesagt wird, er erkannte das selbst, er hatte auf der Welt absolut nichts mehr verloren. Er versuchte einige Male sich im Salzkammergut zu erholen, aber es nützte nichts mehr. Hatte er zu ihren Lebzeiten die Edith die meiste Zeit alleingelassen in der Wohnung über dem Bräunerhof, so konnte er jetzt, nach ihrem Tod, ohne sie überhaupt nicht mehr existieren. Er machte einen *verlorenen* Eindruck und es war ihm auch nicht mehr zu helfen gewesen. Gemeinsam mit anderen Freunden hatten wir ihn oft in ein Gasthaus mitgenommen, um ihn, wie gesagt wird, aufzumuntern, aber erfolglos. Er selbst lud mich und meine Freunde nach dem Tod seiner Frau ein paarmal ins Sacher ein, bestellte wie früher Champagner, aber er erreichte damit nur eine noch tiefere Depression. Wohin er mit seiner Edith in den letzten Jahren, wenn er nicht gerade im Steinhof gewesen war oder im Wagner-Jauregg-Krankenhaus (auch der Wagner-Jauregg, nach welchem dieses Krankenhaus für Psychiatrie benannt ist, war ein Verwandter von ihm gewesen), öfter gefahren war, nach Traunkirchen, reiste er jetzt allein, aber die Wirkung war doch nurmehr noch eine verheerende. Schon von weitem als verzweifelt erkennbar, lief er durch die Gegend und fand keinerlei Halt mehr. In seinen eigenen Räumen, oben auf *dem Hügel* zwischen Altmünster und Traunkirchen, in dem Haus, das zur Hälfte nicht ihm, sondern einem seiner Brüder gehörte, der den größten Teil des Jahres in der Schweiz lebte, war es immer und also die ganze Jahreszeit, so kalt, daß man schon beim Eintreten das Gefühl hatte, binnen kurzem erfrieren zu müssen. Dazu kam, daß an den hohen Wänden, die bis an die Decke feucht waren, vier große, schon pilzbefallene abstoßende Gemälde aus der Zeit Klimts hingen, daneben auch noch ein solches von Klimt selbst, von welchem sich die waffenproduzierenden Wittgenstein haben malen lassen, wie von andern berühmten Malern ihrer Zeit auch, weil es unter den sogenannten Neureichen der Jahrhundertwende die große Mode gewesen ist, sich malen zu lassen unter dem Deckmantel des Mäzenatentums. Im Grunde hatten die Wittgenstein wie alle andern ihresgleichen, für die Kunst überhaupt nichts übrig, aber sie wollten Mäzen sein. In einer Ecke des Zimmers stand ein Bösendorferflügel, auf welchem, wie sich denken läßt, alle berühmten Virtuosen ihrer Zeit gespielt haben. Es war aber vor allem deshalb zum Erfrieren, weil in dem großen ebenerdigen Zimmer ein riesiger Kachelofen stand, der, weil er schon jahrzehntelang kaputt war, jahrzehntelang nicht mehr geheizt werden konnte und der dadurch nicht wie ein Ofen, sondern wie ein Eiskasten wirkte. Den Paul und die Edith habe ich immer nur in Pelzjacken eingewickelt an diesem Ofen sitzen gesehen. Bis in den Juni hinein muß im sogenannten Salzkammergut geheizt werden, und ab Mitte August wieder. Es ist eine kalte und unfreundliche Gegend, die aufs perverse sehr liebevoll als *Sommerfrische* bezeichnet wird. Das Salzkammergut ist aber nur kalt und unfreundlich und es ist Gift für alle Empfindlichen. Im Salzkammergut haben alle ohne Ausnahme die rheumatischen Krankheiten und im Alter sind sie alle krumm und verkrüppelt. Der Mensch muß schon sehr stark sein, um sich hier behaupten zu können. Das Salzkammergut ist herrlich für ein paar Tage, aber es ist vernichtend für jeden, der länger bleibt. Der Paul liebte das Salzkammergut, weil es die Gegend seiner Kindheit ist, aber es deprimierte ihn immer mehr. Er suchte es von Wien aus in der Hoffnung auf, seine Lage verbessern zu können, aber im Salzkammergut verschlechterte sich seine Lage nur. Das Salzkammergut drückte nur immer noch rücksichtsloser auf seine Seele und auf seinen Körper. Die Spaziergänge, die ich mit dem Paul in der Gegend von Altmünster gemacht habe in dieser Zeit, nützten nichts, es kamen zwar immer noch *ideale* Gespräche zustande, aber nach dem Tod seiner Edith war doch auf einmal alles tatsächlich ausweglos gewesen, jedenfalls anders, *wie zerbrochen.* Wenn er lachte, war es ein mühseliges Lachen. Abgesehen von dem Tod seiner Frau und Geliebten, war er auch in ein Alter gekommen, in welchem alles auf einmal doppelt so schwierig geworden ist als vorher. In dem Zimmer, in welchem wir saßen, war eine derartig feuchte und abgestandene Luft, daß ich glaubte, ersticken zu müssen, obwohl draußen ein Sonnentag war. Ich verstand, warum er mit seiner Frau fast nie in dieser Wohnung hauste, sondern die meiste Zeit unten an der Hauptstraße in einer kleinen Pension. Dort mußten sie sich auch nicht alles selber machen und ab sechzig macht sich kein Mensch mehr gern alles selbst und die Edith war ja bei ihrem Tod schon fast achtzig gewesen. Mit mir und meinem Bruder hat er, erinnere ich mich, absurderweise noch einmal eine Segelpartie auf dem Traunsee gemacht. Der Todkranke war begeistert wie früher in seinem Element gewesen, während ich diese Segelpartie bei hohen Wellen verfluchte. Mein Bruder ermunterte den Paul zu weiteren Segelpartien, aber es kam nicht mehr dazu. Letzten Endes war er dafür schon viel zu schwach gewesen. Hatte ihn diese erste Segelpartie mit mir und meinem Bruder *auf dem See* noch beglücken können, so deprimierte sie ihn am Ufer bereits und es war ihm klar, daß es sich um seine letzte gehandelt hat. Immer wieder und bei jeder Gelegenheit hat er in dieser Zeit *es ist das letzte Mal* gesagt, es ist ihm zur Gewohnheit geworden. Waren Freunde bei mir, machte er mit diesen Freunden und mit mir Spaziergänge, widerwillig, aber er machte sie. Auch ich bin kein Spaziergeher, ich gehe schon lebenslänglich nur widerwillig spazieren, ich bin immer widerwillig spazieren gegangen, aber mit Freunden gehe ich spazieren und zwar so, daß diese Freunde glauben, ich sei ein leidenschaftlicher Spaziergeher, denn ich gehe mit einer solchen *Theatralik* spazieren, daß sie staunen. Ich bin absolut kein Spaziergeher und ich bin auch kein Naturfreund und auch kein Naturkenner. Aber sind Freunde da, gehe ich immer so, daß sie glauben, ich sei ein Spaziergeher und ein Naturfreund und ein Naturkenner. Ich kenne die Natur überhaupt nicht und ich hasse sie, denn sie bringt mich um. Ich lebe in der Natur nur, weil mir die Ärzte gesagt haben, daß ich, will ich überleben, *in der Natur* zu leben habe, aus keinem andern Grund. Tatsächlich liebe ich alles, nur nicht die Natur, denn die Natur ist mir unheimlich und ich habe ihre Bösartigkeit und ihre Unerbittlichkeit am eigenen Körper und in der eigenen Seele kennengelernt und da ich ihre Schönheiten immer nur gleichzeitig mit ihrer Bösartigkeit und mit ihrer Unerbittlichkeit betrachten kann, fürchte ich sie und ich meide sie, wo ich nur kann. Ich bin ein Stadtmensch und ich nehme die Natur nur in Kauf, das ist die Wahrheit. Ich existiere ganz gegen meinen Willen auf dem Land, das alles in allem immer nur gegen mich ist. Und natürlich war der Paul auch so wie ich durch und durch ein Stadtmensch, der so wie ich in der Natur immer bald erschöpft war. Einmal hatte ich die *Neue Zürcher Zeitung* haben müssen, ich wollte einen Aufsatz über die Mozartsche *Zaide,* der in der *Neuen Zürcher Zeitung* angekündigt gewesen war, lesen und da ich die *Neue Zürcher Zeitung,* wie ich glaubte, nur in Salzburg, das von hier achtzig Kilometer weit weg ist, bekommen kann, bin ich im Auto einer Freundin mit dem Paul um die *Neue Zürcher Zeitung* nach Salzburg, in die sogenannte *weltberühmte* Festspielstadt gefahren. Aber in Salzburg habe ich die *Neue Zürcher Zeitung* nicht bekommen. Da hatte ich die Idee, mir die *Neue Zürcher Zeitung* in Bad Reichenhall zu holen und wir sind nach Bad Reichenhall gefahren, in den *weltberühmten* Kurort. Aber auch in Bad Reichenhall habe ich die *Neue Zürcher Zeitung* nicht bekommen und so fuhren wir alle drei mehr oder weniger enttäuscht nach Nathal zurück. Als wir aber schon kurz vor Nathal waren, meinte der Paul plötzlich, wir sollten nach Bad Hall fahren, in den *weltberühmten* Kurort, denn dort bekämen wir mit Sicherheit die *Neue Zürcher Zeitung* und also den Aufsatz über die *Zaide* und wir sind tatsächlich die achtzig Kilometer von Nathal nach Bad Hall gefahren. Aber auch in Bad Hall bekamen wir die *Neue Zürcher Zeitung* nicht. Da es von Bad Hall nach Steyr *nur ein Katzensprung* ist, zwanzig Kilometer, fuhren wir auch noch nach Steyr, aber auch in Steyr bekamen wir die *Neue Zürcher Zeitung* nicht. Nun versuchten wir unser Glück in Wels, aber auch in Wels bekamen wir die *Neue Zürcher Zeitung* nicht. Wir waren insgesamt dreihundertfünfzig Kilometer gefahren nur um die *Neue Zürcher Zeitung* und hatten am Ende kein Glück gehabt. So waren wir dann völlig erschöpft, wie sich denken läßt, in ein Welser Restaurant gegangen, um etwas zu essen und uns zu beruhigen, denn die Jagd nach der *Neuen Zürcher Zeitung* hatte uns an den Rand unserer physischen Möglichkeiten gebracht. In vieler Hinsicht, denke ich jetzt, wenn ich mich an diese Geschichte mit der *Neuen Zürcher Zeitung* erinnere, sind der Paul und ich uns ziemlich gleich gewesen. Wenn wir nicht total erschöpft gewesen wären, wären wir sicher auch noch nach Linz und nach Passau, vielleicht auch noch nach Regensburg und nach München gefahren, und schließlich hätte es uns auch nichts ausgemacht, die *Neue Zürcher Zeitung* ganz einfach in Zürich zu kaufen, denn in Zürich, so denke ich, hätten wir sie mit Sicherheit bekommen. Da wir in allen diesen angeführten und von uns an diesem Tag aufgesuchten Orten die *Neue Zürcher Zeitung* nicht bekommen haben, weil es sie in ihnen auch während der Sommermonate nicht gibt, kann ich alle diese aufgeführten Orte nur als miserable Drecksorte bezeichnen, die absolut diesen unfeinen Titel verdienen. Wenn nicht einen drekkigeren. Und es ist mir damals auch klar geworden, daß ein Geistesmensch nicht an einem Ort existieren kann, in dem er die *Neue Zürcher Zeitung* nicht bekommt. Man denke nur, daß ich die *Neue Zürcher Zeitung* selbst in Spanien und in Portugal und in Marokko während des ganzen Jahres in den kleinsten Orten mit nur einem einzigen windigen Hotel bekomme. Bei uns nicht! Und an der Tatsache, daß wir in so vielen angeblich so wichtigen Orten die *Neue Zürcher Zeitung* nicht bekommen haben, selbst in Salzburg nicht, entzündete sich unser aller Zorn gegen dieses rückständige, bornierte, hinterwäldlerische, gleichzeitig geradezu abstoßend größenwahnsinnige Land. Wir sollten uns nur immer da aufhalten, wo wir wenigstens die *Neue Zürcher Zeitung* bekommen, sagte ich und der Paul war absolut meiner Meinung. Dann bleibt uns aber in Österreich in Wirklichkeit nur Wien, sagte er, denn in allen anderen Städten, die vorgeben, die *Neue Zürcher Zeitung* bekomme man in ihnen, bekommt man sie in Wahrheit nicht. Jedenfalls nicht an jedem Tag und gerade dann nicht, wann man sie haben will, wann man sie unbedingt braucht. Ich bin, fällt mir ein, bis heute nicht zu dem Aufsatz über die *Zaide* gekommen. Ich habe den Aufsatz längst vergessen und ich habe naturgemäß auch ohne diesen Aufsatz überlebt. Aber im Augenblick hatte ich geglaubt, ihn haben zu müssen. Und der Paul hat mich in meinem unbedingten Verlangen nach diesem Aufsatz unterstützt, ja, mehr noch, mich tatsächlich auf die Suche nach dem Aufsatz und also nach der *Neuen Zürcher Zeitung* durch halb Oberösterreich und bis nach Bayern getrieben. Und, das muß ausdrücklich gesagt werden, in einem offenen Auto, was unweigerlich eine wochenlang anhaltende Verkühlung von uns dreien zur Folge gehabt hatte. Die vor allem den Paul längere Zeit an das Bett gefesselt hat, wie gesagt wird. Ich machte mit ihm stundenlange Spaziergänge an der Traun entlang, ausgehend von der sogenannten *Kohlwehr* oberhalb Steyrermühl, zwei Kilometer von meinem Haus entfernt, ist das Traunufer noch, aber, wie ich weiß, wegen der skrupellosen Geldgier seines Besitzers, der das Ganze schon hat parzellieren lassen, nicht mehr lange ein einzigartiger Park, der sich bis an den dreizehn Kilometer entfernten Traunsee hinzieht, genau an dem von dem berühmten Herrn Ritz als das erste aller vorhandenen Forellengewässer in der Welt klassifizierten entlang. In dem angenehmen sogenannten Halbschatten, unter der wunderbaren Kühlung aus dem Fluß herauf, entwickelten wir auf einmal wieder solche Gespräche wie früher, und es war jetzt naturgemäß und ganz seiner Entwicklung entsprechend nicht mehr die große Oper gewesen, die ihn beschäftigte, sondern die sogenannte Kammermusik. Er hatte sich auch geistig aus den großen Opernhäusern zurückgezogen. Er redete nicht mehr über Schaljapin und Gobbi, über Di Stefano und die Simionato, sondern über Thibaud und Casals und ihre Kunst. Über das *Julliard-* und über das *Amadeus-Quartett* und das von ihm geliebte *Trio di Trieste.* Wie es Arturo Benedetti Michelangelo macht im Gegensatz zu Pollini, Rubinstein im Gegensatz zu Arrau und Horowitz etcetera. Er war jetzt, wie gesagt wird, vom Tod gezeichnet. Ich habe ihn über zehn Jahre gekannt und in dieser Zeit war er immer schon todkrank gewesen und vom Tod gezeichnet. Auf dem Wilhelminenberg hatten wir, wie gesagt, wortlos unsere

Freundschaft für immer besiegelt, auf jener Bank, auf welcher er nur *grotesk, grotesk* gesagt hatte. Es war jetzt schon schwierig, sich vorzustellen, daß er dreizehn und vierzehn Jahre vorher einer Geliebten, die Amerikanerin und Sopranistin gewesen war und die in fast allen großen Opernhäusern der Welt die *Königin der Nacht* und die *Zerbinetta* gesungen hat, genau um diese ganze Welt nachgereist ist, um sie schließlich doch aufgeben zu müssen, um dann nurmehr noch von ihr zu träumen. Es war unvorstellbar, daß er in dieser doch gar nicht so lange zurückliegenden Zeit die berühmtesten Autorennplätze Europas aufgesucht hat und selbst Autorennen gefahren ist, daß er einer der besten Segler gewesen ist. Es war jetzt schon unvorstellbar, daß er jahrzehntelang keine Nacht vor drei oder vier Uhr früh ins Bett gekommen ist, weil er sich den Großteil aller Nächte in den berühmtesten Bars Europas aufgehalten hat. Daß er schließlich einmal Eintänzer gewesen ist gegen alle Regeln der Wittgensteinschen Grundsätze. Daß er jener gewesen sein solle, der in den besten Hotels des alten und auch noch des neuen Europa tatsächlich als ein Herr aus- und eingegangen ist. Und es war jetzt auch schon unvorstellbar, daß er jener gewesen ist, der jahrzehntelang der Wiener Oper die höchsten Höhepunkte wie die tiefsten Tiefpunkte gebrüllt und gepfiffen hat. Alles, das er erlebt hat, war in dieser traurigen Zeit seiner letzten Jahre bereits unvorstellbar gewesen. Er saß mit mir in Nathal an der Hofmauer und rechnete sich in der untergehenden Sonne aus, wie oft er in Paris, wie oft er in London und in Rom gewesen war, wieviele Tausende Flaschen Champagner er getrunken, wieviele Frauen er verführt und wieviele Bücher er wohl gelesen habe. Denn diese wie man sieht, oberflächliche Existenz, hatte durchaus kein oberflächlicher Mensch geführt, im Gegenteil. Es gab kaum einen Punkt, in welchem es ihm auch nur die geringsten Schwierigkeiten gemacht hatte, mit- und weiterzudenken, ganz im Gegenteil, war *er* es oft gewesen, der mich in Verlegenheit gebracht hatte gerade auf jenen Gebieten, die eigentlich die meinigen sind und von welchen ich überzeugt gewesen war, daß ich in ihnen zuhause bin; er belehrte mich oft eines besseren. Sehr oft habe ich gedacht, *er* ist der Philosoph, nicht ich, *er* ist der Mathematiker, nicht ich, *er* ist der Kenner, nicht ich. Ganz abgesehen davon, daß es auf dem musikalischen Gebiet kaum etwas gab, das ihm nicht sofort gegenwärtig und auch gleich ein Ansatz und Anlaß wenigstens zu einer interessanten Musikdebatte gewesen wäre. Und er war zu allem dazu auch noch ein ganz und gar außerordentlicher Koordinator, was diese Geistes- oder überhaupt Kunstdisziplin betrifft. Andererseits war er alles andere als ein Vielredner, geschweige denn ein Schwätzer in einer Welt, die ja nur aus Vielrednern und Schwätzern zu bestehen scheint. Eines Tages machte ich ihm wahrscheinlich unter dem Eindruck eines seiner immer ganz und gar außerordentlichen Lebensberichte den Vorschlag, er solle daran gehen, alles das, mir mit soviel philosophischem Unterbau sozusagen Berichtete aufzuschreiben, es nicht im Laufe der Zeit verkommen lassen. Aber es brauchte Jahre, bis ich ihn soweit gebracht hatte, an ein solches Aufschreiben seiner Erfahrungen und Erlebnisse, die für jeden interessant sind, zu gehen. Da müsse er sich schon, sagte er, nachdem er sich einen Stapel Papier gekauft hatte, aus seiner Umgebung entfernen, also aus den Fängen seiner stupiden kunst- und geistfeindlichen Verwandtschaft und naturgemäß auch aus allen diesen Wittgensteinschen gegen den Geist und gegen die Kunst gebauten Behausungen und sich irgendwo, wo man ihn nicht aufzustöbern imstande sei, ein Zimmer nehmen zu diesem Zweck. Und so mietete er sich in einem kleinen Gasthof außerhalb von Traunkirchen ein. Aber schon nach dem ersten Versuch hatte er aufgegeben. Später hat er dann plötzlich, eineinhalb Jahre vor seinem Tod, tatsächlich eine Sekretärin engagiert, um ihr sozusagen seine kuriose Existenz zu diktieren. Aber, auch weil er ja durch seine Umstände finanziell so außerordentlich kurz gehalten war in seinen letzten Lebensjahren, dieser Versuch scheiterte natürlich mehr oder weniger kläglich. Dieser Sekretärin hatte er, wie ich von ihr selbst und von Paul weiß, *ein Vermögen* versprochen, wenn sie sich von ihm seine kuriose Existenz diktieren läßt, einen immensen Reichtum, denn der Paul war sich sicher gewesen, daß seine *bornierten Memoiren,* so er, ein ungeheurer Welterfolg sein würden. Immerhin hat er zehn oder fünfzehn Seiten zustande gebracht. Im Grunde hat er wahrscheinlich gar nicht unrecht gehabt, wenn er an einen ungeheuren Erfolg, so seine eigenen Worte, glaubte, denn ein solches Buch hätte tatsächlich ein solcher ungeheurer Erfolg sein können, denn es wäre ohne Zweifel wirklich ein sogenanntes *einmaliges* gewesen, aber er war nicht der Mensch, sich wenigstens ein Jahr lang vollkommen zu isolieren auf ein solches Ziel hin. Aber es ist schade, daß es nicht mehr solcher Fragmente von ihm gibt. Die Wittgensteinschen haben immer nur in Millionen gedacht, wenn es sich um ihre Geschäfte handelte, es war ganz natürlich, daß auch ihr schwarzes Schaf Paul an Millionen dachte im Hinblick auf sein gedrucktes Diktat. Ich werde etwa dreihundert Seiten schreiben, sagte er und es ist nicht schwierig, einen Verleger zu finden. Er dachte, ich würde sein Manuskript schon an den richtigen bringen. Es sollte ein durch und durch philosophischer Lebensbericht sein, *keine Schwafelei,* wie er sich ausdrückte. Ich sah ihn tatsächlich sehr oft mit Papieren unter dem Arm, auf die er schon etwas geschrieben hatte und es wäre ja auch möglich, daß er tatsächlich mehr geschrieben hat, als noch vorhanden ist, daß er sogar in einem seiner zahlreichen Anfälle möglicherweise sogar größere Teile eines Manuskripts in einem absolut selbstkritischen Zustand als Geisteszustand vernichtet hat, das wäre, so wie ich ihn kenne, sogar das Natürlichste. Oder daß das von ihm Aufgeschriebene auf andere Weise sozusagen auf kunst- und philosophiefeindliche Weise verloren gegangen und auf die Seite gebracht worden ist, wie gesagt wird. Denn es ist schwer, sich vorzustellen, daß er mindestens zwei Jahre lang immer nur mit denselben zehn oder elf Seiten beschäftigt gewesen und in Wien und am Traunseeufer umhergelaufen ist. Aber wer sollte das klären? *In Freundeskreisen* sagte er, wenn er wieder einmal *in Form* gewesen war, er sei der viel bessere Schriftsteller als ich, den er zwar bewundere, der aber doch an ihn nicht herankomme, ich sei zwar sein literarisches wie auch sein *philosophierendes Vorbild,* er selbst sei aber längst über mich und meine Gedanken hinausgekommen, habe sich längst selbständig gemacht und mich längst hinter sich gelassen. Wenn er sein Buch veröffentliche, werde die literarische Welt, so er, nicht aus dem Staunen herauskommen. Schließlich verfaßte er gegen das Lebensende, also in äußerster schriftstellerischer Bedrängnis, weil ihm das zweifellos leichter gefallen ist, als Prosa schreiben, sozusagen mit der linken Hand, mehrere gereimte Gedichte, deren Verrücktheit und Witz tatsächlich zum Lachen gewesen waren. Er selbst las, meistens, wenn er kurz vor einer neuerlichen Einlieferung in eines *seiner* Irrenhäuser gewesen war, das längste dieser skurrilen Gedichte vor, gleich wem. Es gibt ein sogenanntes Tonband von diesem Gedicht, das ihn selbst sowie Goethes Faust zum Mittelpunkt hat, wer es ihn vortragen hört, ist zuhöchst amüsiert und zutiefst erschüttert. Ich könnte jetzt Paulsche Anekdoten zum Besten geben, es gibt nicht nur Hunderte, sondern Tausende, die ihn zum Mittelpunkt haben und die in der sogenannten gehobenen Wiener Gesellschaft, die die seine gewesen war und die, wie bekannt, von Anekdoten und von nichts sonst lebt seit Jahrhunderten, berühmt sind, aber das ist nicht meine Absicht. Er war ein Unruhevoller, ein fortwährend Nervöser, ununterbrochen Unbeherrschter. Er war ein Grübler und ein ununterbrochen Philosophierender und ein ununterbrochener Bezichtiger. Da er ein unglaublich geschulter Beobachter und in dieser seiner Beobachtung, die er mit der Zeit zu einer Beobachtungskunst entwickelt hat, der Rücksichtsloseste gewesen ist, hatte er fortwährend allen Grund zur Bezichtigung. Es gab nichts, das er nicht bezichtigte. Die Leute, die ihm unter die Augen kamen, waren niemals länger als nur die allerkürzeste Zeit ungeschoren, schon hatten sie *einen Verdacht* auf sich gezogen und sich *eines Verbrechens* oder wenigstens *eines Vergehens* schuldig gemacht und sie wurden von ihm gegeißelt mit jenen Wörtern, die auch die meinigen sind, wenn ich mich auflehne oder wehre, wenn ich gegen die Unverschämtheit der Welt vorzugehen habe, will ich nicht den Kürzeren ziehen, von ihr vernichtet werden. Im Sommer hatten wir unseren Stammplatz auf der Terrasse des Sacher und existierten die meiste Zeit aus nichts anderem als aus unseren Bezichtigungen. Gleich was vor uns auftauchte, es wurde bezichtigt. Stundenlang saßen wir auf der Sacherterrasse und bezichtigten. Wir saßen bei einer Schale Kaffee und bezichtigten die ganze Welt und bezichtigten sie in Grund und Boden. Wir setzten uns auf die Sacherterrasse und setzten unseren eingespielten Bezichtigungsmechanismus in Bewegung hinter dem *Arsch der Oper,* wie der Paul sich ausdrückte, denn sitzt man vor dem Sacher auf der Terrasse und schaut geradeaus, schaut man genau auf die Hinterseite der Oper. Er hatte eine Freude an solchen Definitionen wie dem *Arsch der Oper,* wohl wissend, daß er damit nichts anderes als das Hinterteil seines wie nichts auf der Welt geliebten Hauses am Ring bezeichnete, aus welchem er so viele Jahrzehnte mehr oder weniger alles, das er zum Existieren brauchte, bezog. Stundenlang saßen wir auf der Sacherterrasse und beobachteten die Leute, die da hin und her gingen. Tatsächlich gibt es für mich auch heute noch kaum ein größeres (Wiener) Vergnügen, als auf der sommerlichen Sacherterrasse zu sitzen und die Leute zu beobachten, die daran vorbeigehen. Wie ich ja überhaupt kein größeres Vergnügen kenne, als Leute zu beobachten und sie vor dem Sacher sitzend zu beobachten, ist eine besondere Delikatesse, die der Paul sehr oft mit mir teilte. Der Herr Baron und ich, wir hatten uns einen für unsere Beobachtungszwecke besonders günstigen Winkel auf der Sacherterrasse ausgesucht, wir sahen alles, was wir sehen wollten, umgekehrt sah uns niemand. Es erstaunte mich, wenn ich mit ihm durch die sogenannte Innere Stadt ging, wie viele Leute er kannte und mit wie vielen von diesen Bekannten er tatsächlich verwandt gewesen war. Über seine Familie redete er selten und wenn, nur darüber, daß er im Grunde mit ihr nichts zu tun haben will, wie umgekehrt seine Familie nichts mit ihm. Ab und zu erwähnte er seine *jüdische* Großmutter, die sich in selbstmörderischer Absicht aus dem Fenster ihres Hauses auf dem Neuen Markt in die Tiefe gestürzt hat und seine Tante Irmina, die in der Nazizeit eine sogenannte *Reichsbauernführerin* gewesen war und die ich auch von mehreren Besuchen in ihrem Bauernhaus auf dem *Hügel* über dem Traunsee kannte. Wenn er *meine Brüder* sagte, so sagte er damit nur immer *meine Peiniger,* nur von einer in Salzburg lebenden Schwester redete er liebevoll. Er hatte sich von seiner Familie immer bedroht und alleingelassen gefühlt, hatte sie immer nur als die kunst- und geistfeindliche bezeichnet, die in ihrem Millionenvermögen erstickt ist. Aber schließlich ist sie es, die den Ludwig und den Paul hervorgebracht hat. Und die den Ludwig und den Paul auch wieder abgestoßen hat zu dem für sie günstigsten Zeitpunkt. An der Hofmauer in Nathal sitzend mit meinem Freund, dachte ich, was für ein Weg das ist, den der Paul über siebzig Jahre gegangen ist. Daß er so begütert und behütet, wie nur ein Mensch sein kann, die ersten Jahre in einem sozusagen unerschöpflichen Österreich aufgewachsen ist, selbstverständlich das berühmte Theresianum besucht hat, sich dann aber, selbstbewußt, einen eigenen familienentgegengesetzten Weg geebnet und genau das hinter sich gelassen hat, das oberflächlich betrachtet, die Wittgensteinschen Werte gewesen waren, nämlich reich und begütert *und* behütet zu sein, um letzten Endes eine sogenannte Geistesexistenz zu führen zur Selbsterrettung. Er hatte sich, wie gesagt werden kann, schon früh aus dem Staub gemacht wie sein Onkel Ludwig schon Jahrzehnte vorher, alles das, das ihn wie diesen, letzten Endes ermöglicht hat, hinter sich gelassen und hat sich, wie vorher schon sein Onkel Ludwig, für seine Familie zum *Unverschämten* gemacht. Während der Ludwig sich zum unverschämten Philosophen gemacht hat, hat sich der Paul zum unverschämten Verrückten gemacht und es ist ja nicht gesagt, daß der Philosoph nur dann als ein solcher zu bezeichnen ist, wenn er, wie der Ludwig, seine Philosophie aufschreibt und veröffentlicht, er ist auch der Philosoph, wenn er nichts von dem, das er philosophiert hat, veröffentlicht, also auch, wenn er nichts aufschreibt und nichts veröffentlicht. Die Veröffentlichung macht ja nur deutlich und macht das Aufsehen von dem deutlich Gemachten, das ohne Veröffentlichung nicht deutlich werden kann und kein Aufsehen macht. Ludwig war der Veröffentlicher (seiner Philosophie), Paul war der Nichtveröffentlicher (seiner Philosophie) und wie Ludwig letzten Endes doch der geborene Veröffentlicher (seiner Philosophie) gewesen ist, war der Paul der geborene Nichtveröffentlicher (seiner Philosophie). Aber beide waren sie, jeder auf seine Weise, die großen, immer aufregenden und eigenwilligen und umstürzlerischen Denker gewesen, auf die ihre und nicht nur ihre Zeit stolz sein kann. Natürlich ist es schade, daß uns der Paul nicht wie der Ludwig tatsächlich aufgeschriebene und gedruckte und also veröffentlichte Beweise für seine Philosophie geliefert hat, während wir solche Beweise von seinem Onkel Ludwig in der Hand und im Kopf haben. Aber es ist unsinnig, einen Vergleich anzustellen zwischen dem Ludwig und dem Paul. Ich habe mit dem Paul niemals über den Ludwig gesprochen, geschweige denn über dessen Philosophie. Nur manchmal und für mich ziemlich unvermittelt, hatte der Paul gesagt *Du kennst doch meinen Onkel Ludwig.* Mehr nicht. Nicht ein einziges Mal haben wir über den *Tractatus* gesprochen. Aber ein einziges Mal hat der Paul gesagt, sein Onkel Ludwig sei *der Verrückteste der Familie* gewesen. *Der Multimillionär als Dorfschullehrer ist doch wohl eine Perversität, glaubst du nicht?* hat der Paul gesagt. Ich weiß bis heute nichts über die tatsächliche Beziehung des Paul zu seinem Onkel Ludwig. Ich habe ihn auch niemals danach gefragt. Ich weiß nicht einmal, ob sich die beiden jemals gesehen haben. Ich weiß nur, daß der Paul seinen Onkel Ludwig immer dann in Schutz genommen hat, wenn die Familie Wittgenstein über ihn hergefallen ist, wenn sie selbst sich über den Philosophen Ludwig Wittgenstein lustig gemacht hat, der ihr, soviel ich weiß, zeitlebens peinlich gewesen ist. Der Ludwig Wittgenstein war ihr immer genauso wie der Paul Wittgenstein ein Narr gewesen, den *das Ausland, das schon immer für das Verschrobene ein Ohr gehabt hat, groß gemacht hat.* Kopfschüttelnd amüsierten sie sich darüber, daß *die Welt auf ihren Familiennarren hereingefallen ist,* daß *der Unbrauchbare plötzlich in England berühmt* und *zu einer Geistesgröße* geworden ist. In ihrem Hochmut lehnten die Wittgenstein ihren Philosophen ganz einfach ab und zollten ihm nicht einmal den geringsten Respekt, sondern straften ihn bis zum heutigen Tag mit Verachtung. Wie in Paul, sehen sie bis heute auch in Ludwig nichts anderes als einen Verräter. Wie den Paul haben sie auch den Ludwig *ausgeschieden.* Wie sie sich, solange er existiert hat, ihres Paul geschämt haben, schämten sie sich bis heute auch ihres Ludwig, das ist die Wahrheit und selbst die inzwischen beträchtliche Berühmtheit des Ludwig hat ihre Gewohnheitsverachtung des Philosophen nicht einschüchtern können in einem Land, in welchem der Ludwig Wittgenstein letzten Endes auch heute noch beinahe nichts gilt und in welchem man ihn auch heute noch beinahe nicht kennt. Die Wiener haben, das ist die Wahrheit, heute noch nicht einmal den Sigmund Freud anerkannt, ja nicht einmal richtig zur Kenntnis genommen, das ist die Tatsache, weil sie dazu viel zu perfid sind. Mit Wittgenstein ist es nicht anders. *Mein Onkel Ludwig,* das war für den Paul immer die respektvollste Bemerkung, die auszubauen er sich aber niemals getraute und die er, der ebenso Gezeichnete, lieber auf sich beruhen ließ. Sein Verhältnis zu dem in England groß gewordenen Onkel ist mir in Wahrheit nie klar geworden. Meine Beziehung zu Paul, die in dem Blumenstockgassenzimmer unserer Freundin Irina ihren Anfang genommen hat, war naturgemäß schwierig, nicht eine Freundschaft, ohne tagtägliche Wiedererringung und Erneuerung und sie hat sich im Laufe der Zeit als die anstrengendste erwiesen; sie war an ihre Höhe- und Tiefpunkte und an ihre *Freundschaftsbeweise* angeklammert. Welche Rolle beispielsweise der Paul bei der sogenannten Verleihung des Grillparzerpreises an mich gespielt hat, fällt mir ein. Wie er als einzige neben meinem *Lebensmenschen* den ganzen durchtriebenen Unsinn dieser Preisverleihung durchschaut und diese Groteske als das bezeichnet hat, das sie gewesen ist: *ein echt österreichische Perfidie.* Ich erinnere mich, daß ich mir für diese Preisverleihung in der Akademie der Wissenschaften einen neuen Anzug gekauft habe, weil ich glaubte, nur in einem neuen Anzug in der Akademie der Wissenschaften auftreten zu können und ich bin mit meinem Lebensmenschen in ein Kleiderhaus auf dem Kohlmarkt gegangen und habe mir einen passenden Anzug ausgesucht, probiert und gleich anbehalten. Der neue Anzug war grauschwarz und ich dachte, in diesem neuen grauschwarzen Anzug werde ich meine Rolle in der Akademie der Wissenschaften besser spielen können, als in meinem alten. Ich betrachtete noch am Morgen der Preisverleihung diese Preisverleihung als ein Ereignis. Es war der hundertste Todestag Grillparzers gewesen und gerade an diesem hundertsten Todestag Grillparzers mit dem Grillparzerpreis ausgezeichnet zu werden, empfand ich als außerordentlich. Jetzt zeichnen mich die Österreicher, meine Landsleute, die mich bis zu diesem Zeitpunkt immer nur mit Füßen getreten haben, sogar mit dem Grillparzerpreis aus, dachte ich und ich glaubte tatsächlich, ich hätte einen Höhepunkt erreicht. Möglicherweise zitterten mir sogar die Hände in der Frühe und es kann auch sein, daß ich einen heißen Kopf hatte. Daß mir die Österreicher, die mich bis dahin immer nur ignoriert oder verhöhnt hatten, plötzlich ihren höchsten Preis geben, betrachtete ich als eine endgültige Wiedergutmachung. Nicht ohne Stolz war ich in meinem neuen Anzug aus dem Kleidergeschäft heraus und auf den Kohlmarkt getreten, um in die Akademie der Wissenschaften hinüberzugehen, nie in meinem Leben bin ich mit einem solchen Hochgefühl über den Kohlmarkt gegangen und über den Graben und am Gutenbergdenkmal vorbei. Ich hatte ein *Hochgefühl,* aber ich kann nicht sagen, daß ich mich in meinem neuen Anzug wohlgefühlt hätte. Es ist immer ein Fehler, ein Kleidungsstück sozusagen unter Aufsicht und in Gesellschaft zu kaufen und ich hatte diesen Fehler *wieder* gemacht, der neue Anzug war mir zu eng. Ich sehe aber wahrscheinlich recht gut aus in dem neuen Anzug, dachte ich, als ich mit meinem Lebensmenschen und mit dem Paul vor der Akademie der Wissenschaften angekommen war. Preisverleihungen sind, wenn ich von dem Geld, das sie bringen, absehe, das Unerträglichste auf der Welt, diese Erfahrung hatte ich in Deutschland schon gemacht, sie erhöhen nicht, wie ich bevor ich meinen ersten Preis bekommen habe, glaubte, sondern sie erniedrigen, und zwar auf die beschämendste Weise. Nur weil ich immer an das Geld, das sie einbringen, dachte, habe ich sie ausgehalten, nur aus diesem Grund bin ich in die verschiedensten alten Rathäuser und in alle diese geschmacklosen

Festsäle hineingegangen. Bis vierzig. Habe ich mich der Erniedrigung dieser Preisverleihungen unterzogen. Bis vierzig. Habe ich mir in diesen Rathäusern und Festsälen auf den Kopf machen lassen, denn eine Preisverleihung ist nichts anderes, als daß einem auf den Kopf gemacht wird. Einen Preis entgegennehmen, heißt nichts anders, als sich auf den Kopf machen zu lassen, weil man dafür bezahlt wird. Ich habe Preisverleihungen immer als die größte Erniedrigung, die sich denken läßt, empfunden, nicht als Erhöhung. Denn ein Preis wird einem immer nur von inkompetenten Leuten verliehen, die einem auf den Kopf machen wollen und die einem ausgiebig auf den Kopf machen, wenn man ihren Preis entgegennimmt. Und sie machen einem *mit vollem Recht* auf den Kopf, weil man so gemein und so niedrig ist, ihren Preis entgegenzunehmen. Nur in der äußersten Not und in Lebens- und Existenzbedrohung und nur bis vierzig hat man ein Recht, einen mit einem Geldbetrag verbundenen oder überhaupt einen Preis oder eine Auszeichnung entgegenzunehmen. Ich habe meine Preise ohne die äußerste Not und ohne Lebens- und Existenzbedrohung entgegengenommen und habe mich damit gemein und niederträchtig und im wahrsten Sinne des Wortes abstoßend gemacht. Auf dem Weg zum Grillparzerpreis aber dachte ich, es sei damit anders. Dieser Preis ist mit keinerlei Geld verbunden. Die Akademie der Wissenschaften sei etwas und ihr Preis sei etwas, dachte ich auf dem Weg in die Akademie der Wissenschaften. Und ich dachte, als wir drei, mein Lebensmensch, der Paul und ich an der Akademie der Wissenschaften angekommen waren, dieser Preis sei, weil er Grillparzerpreis heißt und von der Akademie der Wissenschaften verliehen wird, eine Ausnahme. Und tatsächlich dachte ich auf dem Weg in die Akademie der Wissenschaften hinüber, daß ich wahrscheinlich schon *vor* der Akademie der Wissenschaften empfangen werde, wie es sich gehörte, wie ich dachte, *mit dem notwendigen Respekt.* Aber es hatte mich überhaupt niemand empfangen. Nachdem ich mit den Meinigen eine gute Viertelstunde in der Eingangshalle der Akademie der Wissenschaften gewartet hatte und von keinem Menschen überhaupt erkannt, geschweige denn empfangen worden bin, obwohl ich mich mit den Meinigen andauernd umgesehen hatte, war ich überhaupt nicht zur Kenntnis genommen worden, während die zu dieser Feier herbei- und hereingeströmten Leute schon in dem überfüllten Festsaal Platz genommen hatten, und ich dachte, jetzt gehe ich ganz einfach mit den Meinigen in den Festsaal hinein wie die anderen, die schon hineingegangen sind. Und ich hatte die

Idee gehabt, mich genau da in der Mitte des Festsaals niederzusetzen, wo noch ein paar Plätze frei waren und ich ging mit den Meinigen hinein und wir setzten uns. Als wir uns hingesetzt hatten, war der Festsaal schon voll gewesen und selbst die Ministerin hatte schon ihren Platz in der ersten Reihe unter dem Podium eingenommen gehabt. Das philharmonische Orchester zupfte nervös an den Instrumenten und der Präsident der Akademie der Wissenschaften, der *Hunger* hieß, lief aufgeregt auf dem Podium hin und her und keiner außer mir und den Meinigen wußte, warum mit dem Festakt noch nicht begonnen wird. Mehrere Akademiemitglieder rannten auf dem Podium hin und her und hielten nach dem Mittelpunkt des Festaktes Ausschau. Auch die Ministerin drehte ihren Kopf nach allen Seiten des Saales. Plötzlich hatte mich ein Herr vom Podium aus in der Mitte des Saales sitzen gesehen und der Herr flüsterte dem Präsidenten Hunger etwas ins Ohr und verließ das Podium und ging auf mich zu. Das war nicht einfach gewesen, sich einen Weg durch die vollbesetzte Reihe zu mir in die Mitte des Saales zu machen. Alle in dieser Reihe Sitzenden mußten aufstehen, das taten sie nur widerwillig und, wie ich beobachtete, mit bösartigen Blicken gegen mich. Ich dachte, daß ich doch eine perfide Idee gehabt habe, mich in die Mitte des Saales zu setzen, denn der auf mich zukommende Herr, Mitglied der Akademie naturgemäß, hatte die größte Mühe, mich zu erreichen. Offensichtlich hat dich, so dachte ich augenblicklich, außer diesem Herren kein Mensch hier erkannt. Jetzt, da der Herr bei mir angelangt war, hatten sie aber alle ihre Blicke auf mich gerichtet, aber *wie,* strafend, durchbohrend. Eine Akademie, die mir ihren Preis gibt und mich überhaupt nicht kennt und die mich, weil ich mich ihr nicht zu erkennen gegeben habe, gleich mit strafenden und durchbohrenden Blicken überfällt, hätte noch etwas Perfideres verdient, dachte ich. Schließlich hat mich der Herr sozusagen darauf aufmerksam gemacht, daß mein Platz nicht hier, wo ich saß, sondern neben der Ministerin in der ersten Reihe sei und ich solle gefälligst in diese erste Reihe gehen und mich neben die Ministerin setzen. Ich gehorchte dem Herren nicht, weil er die Aufforderung an mich in einem tatsächlich widerwärtigen, arroganten Ton vorgebracht hatte, letzten Endes auch in so abstoßend siegessicherer Weise, daß ich mich, um mein Selbstgefühl zu behalten, weigern *mußte,* mit ihm aus der Reihe hinaus und auf das Podium zu gehen. *Herr Hunger selbst* solle kommen, sagte ich. Nicht irgend jemand habe mich aufzufordern, auf das Podium zu kommen, sondern *der Präsident der Akademie der Wissenschaften selbst.*

Ich hatte im Grunde die größte Lust gehabt, aufzustehen und mit den Meinigen die Akademie der Wissenschaften ohne Preis zu verlassen. Ich blieb aber sitzen. Ich selbst hatte mich in den Käfig gesperrt. Ich selbst hatte mir die Akademie der Wissenschaften zum Käfig gemacht. Es gab keinen Ausweg. Schließlich war der Präsident der Akademie zu mir gekommen und ich bin mit dem Präsidenten der Akademie bis vor das Podium gegangen und habe mich neben die Ministerin gesetzt. In dem Augenblick, in welchem ich mich neben die Ministerin gesetzt habe, hat sich mein Freund Paul nicht beherrschen können und ist in ein den ganzen Saal erschütterndes Lachen ausgebrochen, das solange gedauert hat, bis die philharmonischen Kammerspieler zu spielen angefangen haben. Es wurden ein paar Reden auf Grillparzer gehalten und ein paar Worte über mich gesagt, alles in allem ist aber doch eine Stunde und also wie immer bei solchen Gelegenheiten, viel zu viel geredet worden und naturgemäß Unsinn. Während dieser Reden hat die Ministerin geschlafen und, wie ich deutlich hören konnte, geschnarcht und ist erst aufgewacht, wie die philharmonischen Kammerspieler wieder angefangen haben, zu spielen. Als der Festakt zu Ende gewesen war, scharten sich auf dem Podium so viele als möglich um die Ministerin und den Präsidenten Hunger. Von mir hatte kein Mensch mehr Notiz genommen. Da ich mit den Meinigen nicht schon gleich den Festsaal verlassen hatte, hörte ich gerade noch, wie die Ministerin plötzlich ausgerufen hat: *Wo ist denn der Dichterling?* Darauf hatte ich endgültig genug und ich verließ die Akademie der Wissenschaften, so schnell ich konnte. Kein Geld *und* sich auf den Kopf machen zu lassen, das war zweifellos im Augenblick unerträglich. Ich lief, die Meinigen mehr oder weniger mitreißend, hinaus auf die Straße und höre noch, wie der Paul währenddessen zu mir sagt: *Du hast dich mißbrauchen lassen! Die haben dir auf den Kopf gemacht!* Tatsächlich, dachte ich, sie haben dir auf den Kopf gemacht. Sie haben dir auch heute wieder auf den Kopf gemacht, wie sie dir immer auf den Kopf gemacht haben. Aber du hast dir auf den Kopf machen lassen, dachte ich, noch dazu in der Akademie der Wissenschaften in Wien. Bevor ich mit den Meinigen das Sacher aufgesucht habe, um diese ganze perverse Preisprozedur bei einem Tafelspitz zu verdauen, bin ich noch in das Kleidergeschäft auf dem Kohlmarkt gegangen, in welchem ich mir vor dem Festakt den neuen Anzug gekauft hatte. Der Anzug sei mir zu eng und ich wolle einen neuen, sagte ich in dem Geschäft und ich sagte es mit einem so unverschämten Nachdruck, daß mich die Angestellten sofort widerspruchslos einen neuen Anzug aussuchen ließen. Ich probierte zwei, drei von mir eigenhändig von den Regalen heruntergenommene Anzüge und entschied mich für den bequemsten. Ich behielt den Anzug, machte eine kleine Aufzahlung und dachte, als ich schon wieder auf der Straße gewesen war, daß bald ein Anderer den Anzug, den ich zu der sogenannten Grillparzerpreisverleihung in der Akademie der Wissenschaften angehabt habe, anhaben und damit durch Wien laufen wird, das belustigte mich. Ein anderer, nicht weniger deutlicher Beweis für die Charakterstärke des Paul: die sogenannte Verleihung des Staatspreises für Literatur (lange vor dem Grillparzerpreis) an mich, die, wie die Zeitungen damals schrieben, mit einem *Skandal* geendet hat. Der im Audienzsaal des Ministeriums eine sogenannte Laudatio auf mich haltende Minister hat in dieser Laudatio nichts als Unsinn über mich gesagt, weil er nur das von einem Blatt heruntergelesen hat, was ihm einer seiner für die Literatur zuständigen Beamten aufgeschrieben hat, zum Beispiel daß ich einen Roman geschrieben hätte über die *Südsee,* was ich natürlich niemals getan habe. Obwohl ich immer Österreicher gewesen bin, behauptete der Minister, daß ich Holländer sei. Obwohl ich davon keine Ahnung hatte, behauptete der Minister, daß ich *auf Abenteuerromane spezialisiert* sei. Mehrere Male behauptete er in seiner Ansprache, ich sei Ausländer und *in Österreich zu Gast.* Mich regten die von dem Minister von dem Blatt heruntergelesenen Unsinnigkeiten aber gar nicht auf, denn ich wußte genau, der dumme Mensch aus der Steiermark, der, bevor er Minister geworden war, dort in Graz Sekretär der Landwirtschaftskammer und vor allem für Tierzucht zuständig gewesen war, kann nichts dafür. Dem Minister war ja die Dummheit wie ausnahmslos allen anderen Ministern ins Gesicht geschrieben, das war abstoßend, aber nicht aufregend und ich hatte diese Ministerlaudatio ohne weiteres über mich ergehen lassen. Nachdem ich aber dann, sozusagen als Dank für den Preis, ein paar Sätze, die ich erst kurz vor der Preisverleihung in höchster Eile und mit dem größten Widerwillen auf ein Blatt Papier geschrieben hatte, eine kleine philosophische Abschweifung sozusagen vorgetragen hatte, in welcher ich nichts anderes zu sagen gehabt habe, als daß der Mensch armselig und ihm der Tod sicher sei, alles in allem hatte mein Vortrag nicht länger als drei Minuten gedauert, war der Minister, der überhaupt nicht verstanden hatte, was ich gesagt hatte, empört von seinem Sitz aufgesprungen und hatte mir die geballte Faust ans Gesicht geschleudert. Wutschnaubend hat er mich vor allen Anwesenden auch noch einen *Hund* genannt und hat den Saal verlassen nicht ohne hinter sich die Glastür mit einer solchen Gewalt zuzuschlagen, daß sie in tausende Scherben zersplittert ist. Alle im Audienzsaal waren aufgesprungen und hatten dem hinausgestürzten Minister verblüfft nachgeschaut. Einen Augenblick herrschte, wie gesagt wird, *vollkommene Ruhe.* Darauf geschah das Merkwürdige: die ganze Gesellschaft, die ich doch nur als Opportunistenmeute bezeichnen kann, ist dem Minister nachgerannt, nicht ohne vorher noch gegen mich vorzugehen nicht nur mit Schimpfwörtern, sondern auch mit geballten Fäusten, ich erinnere mich genau an die geballten Fäuste, die der Präsident des Kunstsenats, Herr Henz, mir entgegengeschleudert hat, wie an alle anderen gegen mich vorgebrachten *Ehrenbezeigungen* in diesem Augenblick. Die ganze Gesellschaft, ein paar hundert Kunstpfründner, vornehmlich aber Schriftsteller, also Kollegen, wie gesagt wird, und deren Gefolge, sind dem Minister nachgerannt und ich weigere mich, alle diese Namen aufzuzählen, die dem Minister durch die von ihm zerschlagene Glastür nachgerannt sind, weil ich keine Lust habe, wegen einer solchen Lächerlichkeit vor Gericht zu kommen, aber es waren die bekanntesten und berühmtesten und angesehensten, die aus dem Audienzsaal hinaus und die Treppe hinuntergestürzt sind, dem Minister nach und die mich mit meinem Lebensmenschen im Audienzsaal stehengelassen haben. Wie einen Aussätzigen. Keiner war bei mir und meinem Lebensmenschen geblieben, alle waren sie, an dem für sie aufgestellten Buffet vorbei, hinausgestürzt und dem Minister nach und hinunter – bis auf Paul. Er war der einzige, der bei mir und meiner Lebensgefährtin, meinem *Lebensmenschen,* stehengeblieben war, entsetzt und amüsiert gleichzeitig von dem Zwischenfall. Später, als es ihnen nicht mehr gefährlich werden konnte, hatten sich noch ein paar andere, nachdem sie zuerst schon verschwunden gewesen waren, zu mir zurückgetraut, sich in den Audienzsaal zurückgeschlichen, ein kleines Häuflein, das schließlich beratschlagte, wohin es gehen solle, um den ganzen lächerlichen Vorfall mit einem Essen hinunterzuwürgen. Noch Jahre danach haben der Paul und ich die Namen jener aufgezählt, die damals in ihrer skrupellosen Staats- und Ministerunterwürfigkeit diesem stumpfsinnigen Minister aus der Steiermark nachgerannt sind, und von jedem wußten wir, warum. Am darauffolgenden Tag ist in den österreichischen Zeitungen von dem *Nestbeschmutzer Bernhard* die Rede gewesen, der den Minister brüskiert hat, während es doch genau umgekehrt gewesen war, der Minister Piffl-Perčevič hat den

Schriftsteller Bernhard brüskiert. Aber im Ausland, wo man auf die österreichischen Ministerien und auf ihre subventionistischen Verwicklungen nicht angewiesen ist, kommentierte man das Ereignis doch so, wie es sich gehörte. *Einen Preis annehmen ist schon eine Perversität,* sagte mein Freund Paul damals zu mir, *einen Staatspreis annehmen aber ist die größte.* Weil uns die Besuche bei unserer *musikalischen* Freundin Irina in der Blumenstockgasse zur liebsten Gewohnheit geworden war, bedeutete es eine Katastrophe, als unsere Freundin eines Tages aufs Land zog, noch dazu in ein weitabgelegenes niederösterreichisches Nest, in welches wir nur nach zweistündiger Autofahrt gelangen konnten, weil es nicht einmal einen eigenen Eisenbahnanschluß hatte. Es war unvorstellbar, was der Großstadtmensch Irina auf dem Land suchte. Die Frau, die jahraus, jahrein jeden Abend in ein Konzert oder in die Oper oder in ein Theaterstück gegangen ist, hatte sich von einem Tag auf den andern in einem ebenerdigen Bauernhaus eingemietet, das zur Hälfte als Schweinestall benützt wurde, wie der Paul und ich zu unserem Entsetzen feststellen mußten, und in das es nicht nur hineinregnete, sondern das auch noch, weil es nicht unterkellert war, bis zum Dach hinauf feucht gewesen war. Da saßen sie auf einmal, die Irina und ihr Musikwissenschaftler, der jahrelang für Wiener Zeitungen und Zeitschriften geschrieben hat, an einen amerikanischen Gußeisenofen gelehnt und selbstgebackenes sogenanntes Bauernbrot essend in alten abgewetzten und abgerissenen Kleidern und lobten, während ich mir wegen des penetranten Schweinestallgestanks die Nase zuhalten mußte, das Land und verfluchten die Stadt. Der Musikwissenschaftler schrieb keine Aufsätze mehr über Webern und Berg, über Hauer und Stockhausen, sondern hackte Holz vor den Fenstern oder schöpfte die Jauche aus dem verstopften Abort. Die Irina redete nicht mehr über Die Sechste oder Die Siebte, sondern nurmehr noch über das Selchfleisch, das sie eigenhändig in den Rauchfang gehängt habe, nicht mehr über Klemperer und die Schwarzkopf, sondern über den Traktor des Nachbarn, der sie schon im fünf Uhr früh mit dem Gezwitscher der Vögel aufweckte. Zuerst hatten wir geglaubt, die Irina und ihr musikwissenschaftlicher Mann werden sehr bald wieder von der landwirtschaftlichen Faszination zurück auf die Musik kommen, aber wir hatten uns getäuscht. Von Musik war bald überhaupt keine Rede mehr, als hätte es sie nie gegeben. Wir fuhren zu ihr und bekamen ihr selbstgebackeners Brot und ihre selbstgekochte Suppe vorgesetzt und auch noch den selbstgezogenen Rettich und die selbstgezogenen Paradeiser und fühlten uns betrogen und an ihrer Nase herumgeführt. In wenigen Monaten hatte die Irina sich von der raffinierten Großstädterin und von der leidenschaftlichsten Wienerin zur bäuerlich-biederen, Selchfleisch in den Rauchfang hängenden und Gemüse ziehenden niederösterreichischen Provinzlerin gemacht, was von uns aus gesehen einer radikalen Selbstdegradierung gleichgekommen ist und uns abstoßen mußte. So sind wir sehr bald nicht mehr zu ihr hinausgefahren und haben sie tatsächlich aus den Augen verloren. Wir waren gezwungen gewesen, uns einen neuen Schauplatz für unsere Gespräche und Debatten zu suchen, aber wir fanden keinen, es gab keine Blumenstockgasse mehr. Ohne Irina auf uns selbst angewiesen, waren wir auf einmal von allen guten musikalischen Geistern verlassen, wenn wir jetzt im Sacher oder im Bräunerhof oder im Ambassador saßen, wo es auch einen idealen Winkel für unseresgleichen gab, von welchem aus wir tatsächlich alles sehen konnten, ohne selbst gesehen zu werden und wo die Gespräche nicht gleich abgetötet wurden, wenn sie in Gang gekommen waren. Da wir für Spaziergänge nichts übrig hatten, trafen wir uns und strebten augenblicklich auf das Sacher oder auf eines der andern unseren Zwecken geeignet erscheinenden Kaffeehäuser zu. Saßen wir im Sacher in *unserem*

Winkel, hatten wir gleich ein Opfer für unsere Spekulationen. Von einem hier, wie sich denken läßt, nicht ohne totale Verkrampfung seine Torte oder seinen um das beliebte Krenobers gedrehten Prager Schinken essenden, Kaffee trinkenden, von den Strapazen einer vorausgegangenen Stadtbesichtigung ziemlich erschöpften und deshalb die Torte viel zu hastig essenden, den Kaffee viel zu gierig in sich hineinschüttenden Inländer oder Ausländer, wie immer, ging es beispielsweise aus, um die allgemein in den letzten Jahrzehnten um sich greifende stupide Gefräßigkeit anzuprangern. Von einer wie zur Strafe in ihrem geschmacklosen Pelz steckenden schlagobersraffenden Deutschen etwa konnten wir umweglos unsere Abneigung gegen alle Deutschen in Wien ableiten, von einem in einem grellgelben Pullover vor dem Fenster sitzenden Holländer, der, sich unbeobachtet glaubend, mit dem rechten Zeigefinger fortwährend große Schmalzkrümel aus der Nase herausholte, war es für uns nicht weit zur totalen Verfluchung alles Niederländischen, das uns auf einmal als zeitlebens verhaßt vorkam. Die uns Unbekannten mußten herhalten, solange wir keine Bekannten vor unsere Augen bekommen haben, aber trat ein solcher uns Bekannter auf, so knüpften wir an ihn unsere genau zu diesem Betrachteten passenden Gedanken, die, ausgesprochen, uns stundenlang amüsieren konnten, indem wir sie zu einem, wie uns schien, etwas höherstehenden Thema als Zweck zur Vertreibung unserer Langeweile, mißbrauchten, als Ausgangsbasis für ein ganz anderes, von welchem wir uns zu denken getrauten, daß es nichts weniger als ein philosophisches sei. So war es nicht selten ganz einfach ein ganz und gar gewöhnlicher Mensch, der seinen Kaffee trank, der uns auf Schopenhauer brachte, oder eine mit ihrem ungezogenen Enkelkind große Strudelstücke verzehrende Dame unter dem erzherzoglichen Gemälde, die uns beispielsweise die Hofnarren des Velazquez im Prado zum Mittelpunkt einer dann unter Umständen stundenlangen Unterhaltung werden ließ. Ein zu Boden gefallener Regenschirm konnte uns nicht nur, wie man denken will, auf Chamberlain, sondern gleich auf den Präsidenten Roosevelt bringen, ein Vorüberlaufender draußen mit einem kleinen Pekineser, auf die außergewöhnlich kostspielige Lebensart der indischen Maharadschas undsofort. Wenn ich auf dem Land bin und keinerlei Anregung habe, verkümmert mein Denken, weil mein ganzer Kopf verkümmert, in der Großstadt gibt es diese katastrophalen Erfahrungen nicht. Die Menschen, die aus der Großstadt weggehen und die auf dem Land ihren Geistesstandard halten wollen, wie der Paul sagte, müssen schon mit einem ungeheueren Potential und also mit einem unglaublichen Vorrat an Gehirnsubstanz ausgestattet sein, aber auch sie stagnieren über kurz oder lang und verkümmern und meistens ist es dann, wenn sie diesen Verkümmerungsprozeß zur Kenntnis genommen haben, für ihre Zwecke schon zu spät, sie gehen unweigerlich ein, was sie dann auch tun, es hilft ihnen nichts. So habe ich ja auch alle diese Jahre, die meine Feundschaft zum Paul gedauert hat, mir meinen lebensnotwendigen Rhythmus des Wechsels zwischen Stadt und Land angewöhnt und ich gedenke diesen Rhythmus bis an mein Lebensende beizubehalten, alle vierzehn Tage mindestens nach Wien, alle vierzehn Tage mindestens auf das Land. Denn so schnell der Kopf in Wien vollgesaugt ist, so schnell ist er auf dem Land leer und er ist in Wahrheit auf dem Land genauso schnell leer wie in der Stadt vollgesaugt, denn das Land ist in jedem Falle immer grausamer gegen den Kopf und seine Interessen, als es jemals die Stadt und das heißt, die Großstadt, sein kann. Einem Geistesmenschen nimmt das Land alles und gibt ihm (fast) nichts, während die Großstadt ununterbrochen gibt, man muß es nur sehen und naturgemäß fühlen, aber die wenigstens sehen das und sie fühlen es auch nicht und so zieht es sie auf die abstoßend sentimentale

Weise auf das Land, wo sie in jedem Fall geistig in der kürzesten Zeit ausgesaugt, ja ausgepumpt und schließlich und endlich zugrunde gerichtet werden. Auf dem Land kann sich der Geist niemals entwickeln, nur in der Großstadt, aber heute laufen sie alle aus der Großstadt hinaus auf das Land, weil sie im Grunde zum Gebrauch ihres in der Großstadt natürlich radikal geforderten Kopfes zu bequem sind, das ist die Wahrheit und lieber in der Natur, die sie, ohne sie zu kennen, in ihrer stumpfsinnigen Blindheit sentimentalistisch bewundern, eingehen, als die ungeheueren sich mit der Zeit und ihrer Geschichte auf das wunderbarste vergrößernden und vermehrenden Vorteile der Großstadt und vor allem der heutigen Großstadt in Anspruch zu nehmen, wozu sie wahrscheinlich aber gar nicht imstande sind. Ich kenne *das tödliche Land* und fliehe es, wann ich nur kann, um den Preis, in einer Großstadt leben zu können, sie mag letzten Endes heißen wie sie will, sie kann so häßlich sein wie sie will, sie ist immer noch hundertmal besser für mich als das Land. Schon immer habe ich meine kranken Lungenflügel verflucht, die es mir unmöglich gemacht haben, für immer in der Großstadt zu leben, was das mir entsprechende wäre. Aber es ist unsinnig, sich immer wieder über etwas tatsächlich Unabänderliches den Kopf zu zerbrechen, das seit so vielen Jahren kein Thema mehr ist und für mich keins mehr zu sein hat. Wie gut hatte es da, denke ich, mein Freund Paul, der immer ausgezeichnete Lungenflügel gehabt hat und nicht auf einen lebensnotwendigen Landaufenthalt angewiesen war. Er konnte sich das für mein Gefühl Höchste leisten: den Großstadtaufenthalt, den ich mir niemals auf die Dauer hatte leisten können, wollte ich weiterleben. Obwohl er schon jahrelang keinen Alkohol mehr getrunken hatte, war sein nächtlicher Lieblingsaufenthalt in Wien auch noch in seinem letzten Lebensjahr die *Edenbar* gewesen, denn nach dem Tod seiner Edith hatte er es naturgemäß zuhause überhaupt nicht mehr ausgehalten. Jetzt wußte ich auch auf einmal, warum er mich niemals, während ich doch so viele hunderte Male mit ihm im Bräunerhof und also schon in seinem Haus gewesen war, in seine Wohnung eingeladen hatte. Sie bestand nur aus einem einzigen größeren Zimmer, und Küche und Toilette waren in einer Kammer daneben. Mit Mühe hatte er nur ein paar Monate vor seinem Tod die Treppe zu dieser seiner *Wohnung* mit mir hinaufsteigen können, wozu gesagt werden muß, daß ich selbst wahrscheinlich die noch viel größeren Schwierigkeiten gehabt habe, hinaufzukommen, seit Jahrzehnten kann ich kaum Treppen steigen und habe schon nach drei, vier Stufen keine Luft mehr. Der Lift war ausgefallen, der Gang beinahe völlig verfinstert, so tappten wir, uns gegenseitig mit unserem Keuchen anfeuernd, in die Höhe. Die Wohnung an sich sei ja nichts, sagte er, als wir sie betreten hatten, aber *die Lage* sei doch *die beste,* und um die Lage (zentraler geht es nicht!, so er) wäre es ihm gegangen, auch darum, daß diese Wohnung für ihn erschwinglich gewesen sei, eine größere nicht. *Für die Edith ist das doch sehr deprimierend gewesen,* sagte er und er deutete dabei auf die halboffene Tür zu Küche und Klosett. Dahinter hatten sich Wäsche- und Geschirrberge aufgetürmt und eine riesiger Haufen unverbrauchter, schon wertlos gewordener Lebensmittel. Das letzte Loch des Gescheiterten hatte ich gedacht. Wir hatten uns beide auf ein mit schwarzgrünem Samt bespanntes Sofa gesetzt um uns zu beruhigen, bevor wir daran hatten denken können, etwas anderes, als nur solche Verlegenheitskommentare über Enge und Schmutz, Finsternis und ideale Lage abzugeben. Dieses Sofa sei noch aus seiner Kindheit, aus seinem Elternhaus und sein Lieblingsmöbelstück, sagte er. Heute kann ich nicht sagen, *was* wir auf dem Sofa sitzend gesprochen haben, aber ich bin bald aufgestanden und habe mich verabschiedet und meinen hoffnungslos auf seinem schwarzgrünen Sofa sitzengebliebenen Freund alleingelassen. Ich hatte ihn plötzlich nicht mehr ausgehalten, fortwährend dachte ich, daß ich ja schon nicht mehr mit einem Lebendigen, sondern mit einem längst Toten zusammensitze und ich habe mich vor ihm zurückgezogen. Noch während ich in seiner Wohnung gewesen war, hatte er, die Hände zwischen die Knie gepreßt, zu weinen angefangen, weil er plötzlich wieder ganz genau gesehen hatte, daß das Ende da war, aber ich wollte mich nicht mehr umdrehen und bin über die Treppe hinunter so rasch als möglich ins Freie. Ich bin durch die Stallburggasse und dann durch die Dorotheergasse gelaufen und über den Stephansplatz auf die Wollzeile, wo ich dann ein paar ruhigere Schritte zu machen imstande gewesen war. Im sogenannten Stadtpark setzte ich mich auf eine Bank und versuchte mich durch einen von meinem Kopf aus genau vorgeschriebenen Atemrhythmus aus meiner Lage zu befreien, die eine entsetzliche gewesen war, denn ich hatte jeden Augenblick das Gefühl gehabt, ich ersticke. Ich dachte, da auf der Stadtparkbank sitzend, daß es möglicherweise das letztemal gewesen ist, daß ich den Freund gesehen habe. Daß ein solcher derartig geschwächter Körper, in welchem kaum noch ein Funken, weil überhaupt kein Wille mehr zum Leben gewesen war, noch länger als ein paar Tage durchhalten würde, glaubte ich nicht. Und wie allein dieser

Mensch auf einmal gewesen war, das erschütterte mich am tiefsten. Gerade ein solcher, der als ein sogenannter Gesellschaftsmensch geboren und aufgewachsen und groß geworden und schließlich älter und alt geworden ist. Und dann, wie ich an diesen Menschen, der wirklich mein Freund gewesen ist, gekommen bin, der mir meine an sich ja nicht unglückliche, aber doch die meiste Zeit mühevolle Existenz so oft in so hohem Maße glücklich gemacht hat. Der mich über so vieles, das mir vollkommen fremd gewesen war, aufgeklärt hat, mir Wege gewiesen hat, die ich vorher nicht gekannt habe, mir Türen aufgemacht hat, die mir vorher völlig verschlossen gewesen waren, der mich gerade in dem entscheidenden Augenblick, in welchem ich möglicherweise in Nathal auf dem Lande verkommen wäre, zu mir selbst zurückgebracht hat. Denn tatsächlich hatte ich in jener Periode, bevor ich meinen Freund kennengelernt habe, schon jahrelang mit einer krankhaften Melancholie, wenn nicht gar Depression zu kämpfen gehabt und mich in Wahrheit damals selbst für verloren gehalten, jahrelang nichts Wesentliches mehr gearbeitet und die meiste Zeit die Tage nur mit einem völligen Desinteresse an ihnen angefangen und aufgehört. Und ich war damals sehr oft nahe daran gewesen, meinem Leben überhaupt einen eigenhändigen Schluß zu machen. Jahrelang war ich in nichts anderes als in eine fürchterliche geisttötende Selbstmordspekulation hineingeflüchtet gewesen, die mir alles unerträglich gemacht hat, mich selbst am unerträglichsten, gegen die tagtägliche Sinnlosigkeit, die mich umgeben hat und in welche ich selbst mich wahrscheinlich aus meiner Allgemeinschwäche heraus, vor allem aber aus meiner Charakterschwäche heraus, gestürzt hatte. Ich hatte mir ja schon lange Zeit nicht mehr vorstellen wollen, weiterleben *zu können*, nicht einmal weiterexistieren zu können, ich hatte keinen Lebenszweck mehr in mich aufnehmen und mich dadurch nicht mehr beherrschen können und war, wenn ich in der Frühe aufwachte, unweigerlich diesem Selbstmorddenkmechanismus unterworfen gewesen, aus welchem ich den ganzen Tag nicht mehr herausgekommen bin. Ich war damals auch von allen verlassen gewesen, weil *ich* sie alle verlassen hatte, das ist die Wahrheit, weil ich sie alle nicht mehr wollte, wie ich ja nichts mehr wollte, aber doch zu feige gewesen bin, den Selbstschluß zu machen. Und wahrscheinlich auf dem Höhepunkt meiner Verzweiflung, ich geniere mich nicht, auch das Wort noch auszusprechen, weil ich ja nicht mehr die Absicht habe, mich selbst zu belügen und etwas zu beschönigen, wo nichts zu beschönigen ist in einer Gesellschaft und in einer Welt, wo fortwährend alles beschönigt wird und zwar auf die widerwärtigste Weise, ist der Paul aufgetreten, habe ich ihn in der Blumenstockgasse bei unserer gemeinsamen Freundin Irina kennengelernt. Er war im Augenblick ein so vollkommen anderer, neuer Mensch für mich gewesen, auch noch mit einem von mir schon Jahrzehnte wie kein anderer bewunderten Namen verknüpft, daß ich sofort das Gefühl hatte, hier sei mein Retter. Auf der Stadtparkbank ist mir das alles auf einmal wieder ganz deutlich zu Bewußtsein gekommen und ich schämte mich meiner Pathetik nicht, nicht der großen Worte, die ich mit aller Gewalt in mich hereinließ, die ich sonst niemals in mich hereingelassen hatte, jetzt taten sie mir in ungeheurer Weise auf einmal gut und ich schwächte sie nicht im geringsten ab. Wie einen erfrischenden Regen ließ ich alle diese Wörter auf mich niedergehen. Und ich denke heute, die Menschen, die in unserem Leben wirklich etwas bedeutet haben, können wir an den Fingern einer Hand abzählen und sehr oft sträubt sich sogar diese eine Hand gegen die Perversität, in welcher wir glauben, eine ganze Hand zum Abzählen dieser Menschen heranziehen zu müssen, wo wir doch, wenn wir ehrlich sind, wahrscheinlich ohne einen einzigen Finger auskommen. In einem erträglichen Zustand, den wir, wie wir wissen, je älter wir werden, tagtäglich mit um so größeren Raffinesse durch alle möglichen und unmöglichen Kunststücke unseres ja allein schon ohne solche krankhaften Extratouren bis an die Grenze seiner Duldsamkeit strapazierten Kopfes erzeugen müssen, kommen wir aber doch ab und zu, weil wir sonst aufgeben müßten, auf drei oder vier, von welchen wir auf die Dauer nicht nur etwas, sondern sehr viel gehabt, ja, die uns zu gewissen existenzentscheidenden Augenblicken und Zeiten alles bedeutet haben und tatsächlich auch alles gewesen sind, wenn wir gleichzeitig auch nicht vergessen dürfen, daß es sich bei diesen Wenigen allerdings um Tote handelt und also um schon oder längst Gestorbene, weil wir aus unserer bitteren Erfahrung heraus naturgemäß die heute noch Lebenden und mit uns Existierenden und unter Umständen sogar mit uns an unserer Seite Gehenden nicht in unsere Beurteilung einschließen können, wollen wir nicht Gefahr laufen, uns grundlegend und auf die peinlichste und lächerlichste Weise zu irren und also zuallererst vor uns selbst zu blamieren. Zweifellos hätte ich, was den Neffen Paul des Philosophen Ludwig Wittgenstein betrifft, diese Befürchtungen nicht, im Gegenteil, gehört er, mit dem ich so viele Jahre bis zu seinem Tod durch alle möglichen Leidenschaften und Krankheiten und den aus diesen Leidenschaften und Krankheiten sich fortwährend entwickelnden Ideen verbunden gewesen bin, gerade zu denjenigen, die mir in allen diesen Jahren so gut getan und mir in jedem Fall meine Existenz auf die nützlichste und das heißt, auf die meinen Anlagen und Fähigkeiten und Bedürfnissen entsprechende Weise verbessert haben, sie mir sehr oft überhaupt möglich gemacht haben, was mir jetzt, zwei Jahre nach seinem Tod, ganz deutlich bewußt und im Hinblick auf die Jännerkälte und Jännerleere in meinem Haus, keine Frage ist. Da ich keine Lebenden habe für diesen Zweck, sage ich mir, will ich mich wenigstens mit den Toten gegen diese Jännerkälte und Jännerleere wehren und von allen diesen Toten ist mir in diesen Tagen und in diesem Augenblicken keiner näher als mein Freund Paul. Auf das *mein* lege ich ausdrücklich die Betonung, denn diese Notizen bringen ja das Bild, das *ich* von meinem Freund Wittgenstein habe, auf das Papier und kein anderes. Weil wir so viel Gemeinsames, gleichzeitig aber auch so viel Entgegengesetztes an uns und in uns entdeckten mit der Zeit, waren wir schon bald nach unserer ersten Begegnung in der Blumenstockgasse zuerst in einen größeren, dann naturgemäß in den größten und schließlich in den äußersten Schwierigkeitsgrad einer Freundschaft gekommen, von welcher ich tatsächlich die ganzen Jahre bis zu seinem

Tod durchdrungen und gelenkt worden bin, bewußt oder unbewußt, immer elementar, wie ich jetzt weiß: von einer Freundschaft durchdrungen und gelenkt, die wir nicht einfach gefunden und dann gehabt haben, sondern die wir uns die ganze Zeit auf das mühevollste haben erarbeiten müssen, um sie uns auf die entsprechend nützliche und gewinnbringende Weise erhalten zu können, ununterbrochen mit der größten Vorsichtigkeit Bedacht nehmend auf ihre Zerbrechlichkeit. Während er, dachte ich auf der Stadtparkbank, wie er immer wieder behauptete, wegen der bequemeren Sessel, vor allem aber wegen der viel besser gemalten Gemälde, die dort aufgehängt sind, mit Vorliebe den rechten der beiden Salons des Sacherschen Kaffeehauses aufsuchte, bevorzugte ich wegen der in diesem jederzeit zur Verfügung stehenden ausländischen, vor allem englischen und französischen Zeitungen und der viel besseren Luft, naturgemäß den linken und so waren wir, wenn ich in Wien gewesen bin, und ich bin in diesen Jahren die meiste Zeit in Wien gewesen, wenn wir ins Sacher gingen, und wir gingen am liebsten ins Sacher, einmal in den linken und einmal in den rechten Salon des Sacherschen Kaffeehauses, das für unsere Spekulationen tatsächlich wie kein zweites und also das ideale gewesen ist, gegangen. Es war selbstverständlich, daß wir uns im

Sacher verabredeten, oder, aus irgendeinem, das Sacher unmöglich machenden Grund, im Ambassador. Ich kenne das Sacher aus einer Zeit vor jetzt schon beinahe dreißig Jahren, in welcher ich beinahe täglich in ihm gesessen war mit jenen Freunden um den Komponisten Lampersberg (um die ausländischen Zeitungen zu lesen), die mich, am Ende meiner Studienzeit, die meine schwierigste Zeit gewesen ist, um das Jahr siebenundfünfzig in die delikate Welt des ersten aller Wiener Kaffeehäuser eingeführt haben, glücklicherweise muß ich heute sagen, nicht in ein typisches der Literaten, die mich im Grunde immer schon abgestoßen haben, sondern in *das* ihrer Opfer. Im Sacher hatte ich alle Zeitungen, die ich von meinem zwei- oder dreiundzwanzigsten Jahr an haben mußte, jederzeit in die Hand bekommen und diese Zeitungen stundenlang völlig ungestört in einer der bequemen Ecken im linken Salon studieren können, ja ich sehe mich heute noch ganze Vormittage dort sitzen mit der aufgeschlagenen *Le Monde* oder der *Times,* ohne mich in meinem Genuß auch nur einen Augenblick unterbrechen zu lassen, was im Sacher tatsächlich niemals, soweit ich mich erinnere, der Fall gewesen war. In einem Literatenkaffeehaus wäre es mir niemals möglich gewesen, einen ganzen Vormittag völlig ungestört mich meinen Zeitungen zu widmen, denn nicht einmal eine halbe Stunde ist dort vergangen, und ich bin gestört worden durch den Auftritt eines Schriftstellers und seinem Gefolge, einer Gesellschaft, die mir immer schon zutiefst zuwider gewesen ist, weil sie mich fortwährend von meinen eigentlichen Vorhaben abhielt, mir das Wesentliche immer auf ihre grobe Weise behinderte, ja mir dieses Wesentliche überhaupt nicht und niemals wie ich es wollte, möglich machte. Die Literatenkaffeehäuser haben eine stinkende, die Nerven irritierende und den Geist tötende Luft und ich habe dort niemals etwas Neues erfahren und bin dort nur immer irritiert und belästigt und auf die sinnloseste Weise deprimiert worden. Im Sacher aber bin ich niemals irritiert, deprimiert oder auch nur belästigt worden und ich habe im Sacher sehr oft sogar arbeiten können, auf meine Weise, nicht auf die Weise jener, die in den Literatenkaffeehäusern arbeiten. Im Bräunerhof, über welchem mein Freund schon Jahrzehnte wohnte, bevor ich ihn kennengelernt hatte, stört mich heute noch die schlechte Luft und das wohl aus perversen Sparsamkeitsgründen andauernd auf ein Beleuchtungsminimum heruntergedrückte Licht, in welchem es mir niemals möglich gewesen ist, auch nur eine einzige Zeile anstrengungslos zu lesen, auch die Sitzbänke liebe ich im Bräunerhof nicht, weil sie, wenn auch nur die kürzeste Zeit benützt, der Wirbelsäule unweigerlich den größten Schaden zufügen, ganz abgesehen von dem penetranten Küchengeruch im Bräunerhof, der sich, auch wenn man sich nur kurze Zeit in ihm aufhält, in den Kleidern festsetzt, wenngleich das Bräunerhof aber auch die größten Vorzüge hat, die aber für meine höchstpersönliche Zwecke nicht ausreichen, ein solcher Vorzug besteht beispielsweise in der allerhöchsten Aufmerksamkeit der im Bräunerhof ihren Dienst machenden Kellner und in der geradezu idealen Höflichkeit des Kaffeehausbesitzers, die also weder über- noch untertrieben ist. Im Bräunerhof aber herrscht den ganzen Tag über eine heillose Dämmerung, was den jungen Verliebten und den alten Kranken von Vorteil ist, nicht aber einem auf das Studieren von Büchern und Zeitungen konzentrierten Menschen wie mir, der auf das Bücher- und Zeitungslesen an jedem Vormittag mehr Wert legt, als auf alles andere und der sich vor allem auf die englischen und französischen Bücher und Blätter spezialisiert hat im Laufe seines Geisteslebens, weil er die deutschsprachigen schon von seinen Leseanfängen her nicht mehr ertragen kann. Was, habe ich mir immer wieder gesagt, und sage es auch heute, ist beispielsweise die *Frankfurter Allgemeine* gegen die *Times,* was die *Süddeutsche Zeitung* gegen *Le*

Monde! Aber die Deutschen sind eben keine Engländer und natürlich schon gar nicht Franzosen. Und ich schätze den Vorzug, die englischen und die französischen Bücher und Zeitungen lesen zu können, von meiner frühesten Jugend an als den größten, den ich besitze. Was wäre meine Welt, denke ich immer wieder, wenn sie nur auf die deutschen Blätter, die im großen und ganzen nur gemeine Mistblätter sind, angewiesen wäre, ganz abgesehen von den österreichischen, die ja überhaupt keine Zeitungen sind, nur tagtäglich millionenfach erscheinende unbrauchbare Klosettpapiere. Im Bräunerhof ersticken die Gedanken sofort im Raucherqualm und im Küchendunst und im Gewäsch der Wiener Dreiviertel- und Halb- und Viertelgebildeten, die dort gegen Mittag ihren gesellschaftlichen Dampf ablassen. Im Bräunerhof reden mir die Leute zu laut oder zu leise, lüften mir die Kellner zu oft oder zu wenig und im Grunde ist das Bräunerhof gerade *weil* es gegen alles ist, das ich mir jeden Tag für mich in Anspruch zu nehmen getraue, *das* Wiener Kaffeehaus, genau wie das in den letzten Jahren in Mode und in diesen Jahren mit der gleichen Geschwindigkeit völlig heruntergekommene Café Hawelka. Das typische Wiener Kaffeehaus, das in der ganzen Welt berühmt ist, habe ich immer gehaßt, weil alles in ihm gegen mich ist. Andererseits fühlte ich mich jahrzehntelang gerade im Bräunerhof, das immer ganz gegen mich gewesen ist (wie das Hawelka) wie zuhause, wie im Café Museum, wie in anderen Kaffeehäusern von Wien, die ich in meinen Wiener Jahren frequentiert habe. Ich habe das Wiener Kaffeehaus immer gehaßt und bin immer wieder in das von mir gehaßte Wiener Kaffeehaus hineingegangen, habe es täglich aufgesucht, denn ich habe, obwohl ich das Wiener Kaffeehaus immer gehaßt habe und gerade weil ich es immer gehaßt habe, in Wien immer an der Kaffeehausaufsuchkrankheit gelitten, mehr unter dieser Kaffeehausaufsuchkrankheit gelitten als an allen andern. Und ich leide, ehrlich gesagt, auch heute noch unter dieser Kaffeehausaufsuchkrankheit, denn es hat sich herausgestellt, daß diese Kaffeehausaufsuchkrankheit *die* unheilbarste aller meiner Krankheiten ist. Ich habe die Wiener Kaffeehäuser immer gehaßt, weil ich in ihnen immer mit Meinesgleichen konfrontiert gewesen bin, das ist die Wahrheit und ich will ja nicht ununterbrochen mit mir konfrontiert sein, schon gar nicht im Kaffeehaus, in das ich ja gehe, damit ich mir entkomme, aber gerade dort bin ich dann mit mir und mit Meinesgleichen konfrontiert. Ich ertrage mich selbst nicht, geschweige denn eine ganze Horde von Meinesgleichen. Ich meide die Literatur, wo ich nur kann, weil ich mich selbst meide, wo ich nur kann und deshalb muß ich mir den Kaffeehausbesuch in Wien verbieten oder wenigstens immer darauf Bedacht nehmen, wenn ich in Wien bin, *unter keinen wie immer gearteten Umständen* ein sogenanntes Wiener Literatenkaffeehaus aufzusuchen. Aber da ich an der Kaffeehausaufsuchkrankheit leide, bin ich gezwungen, immer wieder in ein Literatenkaffeehaus hineinzugehen, auch wenn sich alles in mir dagegen wehrt. Je mehr und je tiefer ich die Wiener Literatenkaffeehäuser gehaßt habe, desto öfter und desto intensiver bin ich in sie hineingegangen. Das ist die Wahrheit. Wer weiß, wie meine Entwicklung verlaufen wäre, hätte ich den Paul Wittgenstein nicht kennengelernt gerade auf dem Höhepunkt jener Krise, die mich ohne ihn wahrscheinlich doch auf einmal kopfüber in die Literatenwelt gestürzt hätte, also in die verabscheuungswürdigste aller Welten, in die Wiener Literatenwelt und deren Geistessumpf, denn das wäre damals auf dem Höhepunkt dieser Krise sicher das einfachste gewesen, mich bequem und niederträchtig und also gefügig zu machen und also aufzugeben und mich unter die Literaten zu mischen. Der Paul hat mich davor bewahrt, denn er hatte die Literatenkaffeehäuser auch schon immer gehaßt. Aus gutem Grund bin ich von einem Tag auf den andern mehr oder weniger zur Selbsterrettung mit ihm ins Sacher gegangen und nicht mehr in die sogenannten Literatenkaffeehäuser, ins Ambassador und nicht mehr ins Hawelka etcetera solange, bis ich es mir wieder *erlauben* durfte, in die Literatenkaffeehäuser zu gehen in dem Augenblick, in welchem sie auf mich nicht mehr ihre tödliche Wirkung gehabt haben. Denn die Literatenkaffeehäuser haben eine tödliche Wirkung auf den Schriftsteller, das ist die Wahrheit. Andererseits bin ich, auch das ist die Wahrheit, in meinen Wiener Kaffeehäusern auch heute noch mehr zuhause als bei mir in Nathal, in Wien überhaupt mehr als in Oberösterreich, das ich selbst mir vor sechzehn Jahren als Überlebenstherapie verordnet habe, ohne es jemals wirklich als eine *Heimat* auch nur in Betracht ziehen zu können, wahrscheinlich schon aus dem schwerwiegenden Grund, weil ich mich in Nathal von Anfang an viel zu viel isoliert und auch nichts gegen diese Isolierung getan habe, im Gegenteil, habe ich diese Isolierung genauso bewußt wie unbewußt, bis in den höchsten Verzweiflungsgrad vorangetrieben. Ich bin doch immer ein Stadtmensch gewesen, ein Großstadtmensch und daß ich schließlich die erste Lebenszeit in einer Großstadt gelebt habe, in der größten Hafenstadt Europas, in Rotterdam, hat in meinem Leben ununterbrochen eine große Rolle gespielt, nicht umsonst atme ich sofort auf, wenn ich in Wien bin. Umgekehrt aber muß ich, wenn ich ein paar Tage in Wien bin, nach Nathal fliehen, will ich nicht in der scheußlichen Wiener Luft ersticken. So habe ich es mir in den letzten Jahren zur Gewohnheit gemacht, wenigstens in einem Zweiwochenrhythmus Wien gegen Nathal einzutauschen, umgekehrt Nathal gegen Wien, ich fliehe alle vierzehn Tage aus Nathal nach Wien und dann wieder aus Wien nach Nathal und bin dadurch, um überhaupt überleben zu können, ein zwischen Wien und Nathal hin- und hergetriebener Charakter geworden, der nurmehr noch aus diesem mit der größten Entschiedenheit produzierten Rhythmus heraus existieren kann. Nach Nathal komme ich, um mich von Wien zu beruhigen, umgekehrt nach Wien, um mich von Nathal zu kurieren. Diese Unruhe habe ich von meinem Großvater mütterlicherseits, der lebenslänglich in einer solchen nervenverzehrenden Unruhe zu existieren gehabt hat und auch letzten Endes an dieser Unruhe zugrunde gegangen ist. Alle meine Vorfahren waren von einer solchen Unruhe besessen gewesen und hatten es nicht lang in einem Ort und auf einem Sessel ausgehalten. Drei Tage Wien und ich halte es nicht mehr aus, drei Tage Nathal und ich halte es nicht mehr aus. In den letzten Lebensjahren meines Freundes hatte er sich diesem meinem Hin- und Herreiserhythmus angeschlossen gehabt und war sehr oft mit mir nach Nathal und wieder zurück und umgekehrt. Bin ich in Nathal angekommen, frage ich mich, was ich in Nathal suche, komme ich in Wien an, frage ich mich, was suche ich in Wien. Wie neunzig Prozent aller Menschen, will ich im Grunde immer da sein, wo ich nicht bin, da, woraus ich gerade geflohen bin. Diese Fatalität hat sich in den letzten Jahren verschlimmert und nicht verbessert und ich fahre in immer kürzeren Abständen nach Wien und wieder nach Nathal zurück und von Nathal aus in eine andere Großstadt, nach Venedig oder Rom und wieder zurück, nach Prag und wieder zurück. Und die Wahrheit ist, daß ich nur *im Auto sitzend* zwischen dem einen Ort, den ich gerade verlassen habe und dem andern, auf den ich zufahre, *glücklich bin,* nur im Auto und auf der Fahrt bin ich glücklich, ich bin der unglücklichste Ankommende, den man sich vorstellen kann, gleich, wo ich ankomme, komme ich an, bin ich unglücklich. Ich gehöre zu den Menschen, die im Grunde keinen Ort auf der Welt aushalten und die nur glücklich sind *zwischen den Orten,* von denen sie weg und auf die sie zufahren. Noch vor Jahren hatte ich geglaubt, eine solche krankhafte Fatalität müsse zwangsweise sehr bald in eine totale Verrücktheit führen, aber sie führte mich nicht in eine solche totale Verrücktheit, sie bewahrte mich tatsächlich vor einer solchen, vor welcher ich mein ganzes Leben lang die größte Angst gehabt habe. Und gerade mein Freund Paul hatte, wie ich, dieselbe Krankheit, auch er war viele Jahre und Jahrzehnte immer von einem Ort zum andern gefahren nur zu dem Zwecke des Verlassens eines Ortes und des Aufsuchens eines andern, ohne gleich welche Ankunft, zu seinem Glück machen zu können; das war auch ihm niemals gelungen und wir haben oft darüber gesprochen. Er wechselte in der ersten Lebenshälfte immer zwischen Paris und Wien hin und her, auch zwischen Madrid und Wien, London und Wien, wie es seiner Herkunft und seinen Möglichkeiten entsprochen hatte, ich, in kleinerem Maßstab, wie sich denken läßt, wenn auch mit der gleichen krankhaften Besessenheit, eben von Nathal nach Wien und umgekehrt und von Venedig nach Wien, allerdings dann auch von Rom nach Wien etcetera. Ich bin der glücklichste Reisende, sich Bewegende, Fahrende, *Fort*fahrende, ich bin der allerunglücklichste Ankommende. Naturgemäß handelt es sich dabei längst um einen Krankheitszustand. Noch eine andere Besessenheit, die ebenso als eine Krankheit zu klassifizieren ist, hatten wir beide gemeinsam: die sogenannte *Zählkrankheit,* die auch Bruckner vor allem in seinen letzten Lebensjahren gehabt hat. Wochenlang, monatelang beispielsweise bin ich, wenn ich mit der Straßenbahn in die Stadt fahre, gezwungen, aus dem Fenster schauend, die Zwischenräume der Fenster zu zählen oder die Fenster selbst oder die Türen oder die Zwischenräume der Türen und je schneller die Straßenbahn fährt, desto schneller habe ich zu zählen und ich kann mit dem Zählen nicht aufhören bis an die Grenze der Verrücktheit, wie ich denke. So habe ich mir sehr oft, um der Zählkrankheit zu entkommen, wenn ich mit der Straßenbahn durch Wien oder durch eine andere Stadt fahre, zur Gewohnheit gemacht, nicht aus dem Fenster zu schauen, den Blick ganz einfach auf den Boden zu richten, was aber eine ungeheuere Beherrschung erfordert, zu welcher ich nicht immer imstande bin. Auch mein Freund Paul hatte die Zählkrankheit, aber er hatte sie in einem noch viel stärkeren Maße und sie machte ihm, wie er mir oft sagte, die Straßenbahnfahrt unerträglich. Und er hatte dieselbe auch mich sehr oft bis an die Grenze der Verrücktheit zerrende Gewohnheit, die Pflastersteine, über die zu gehen ist, nicht einfach wahllos, wie andere, sondern nach einem ganz genau vorgeschriebenen System zu betreten, also beispielsweise genau nach zwei ganzen, erst auf die dritte Steinplatte aufzutreten und auch nicht einfach wahllos mehr oder weniger konzeptlos genau in der Mitte einer Platte den Fuß aufzusetzen, sondern haargenau an ihrem unteren oder an ihrem oberen Ende, je nachdem. Nichts durfte solchen Menschen wie uns beiden, sozusagen dem Zufall oder der Nachlässigkeit überlassen sein, alles mußte sein ganz und gar ausgeklügeltes Geometrisches, Symmetrisches, Mathematisches haben. Ich beobachtete an ihm genauso die Zählkrankheit wie die Eigenschaft, Steinplattenböden nicht wahllos, sondern nach einem genau vorgegebenen System zu betreten *von Anfang an.* Immer wieder wird gesagt, daß sich die Gegensätze anziehen, aber was uns betrifft, waren es doch mehr die Gemeinsamkeiten und wir hatten Hunderte und Tausende, die mir schon sehr bald an ihm aufgefallen sind, so wie ihm an mir. Und wir hatten so viele Hunderte und Tausende Vorlieben gemeinsam wie Hunderte und Tausende Abneigungen; uns zogen sehr oft dieselben Menschen an und stießen dieselben ab. Aber das heißt natürlich überhaupt nicht, daß wir in allem und jedem einer Meinung und eines Geschmacks und ein und derselben Konsequenz gewesen sind. Beispielsweise liebte er Madrid, ich haßte es. Ich liebte die Adria, er haßte sie etcetera. Aber Schopenhauer liebten wir beide und Novalis und Pascal und Velazquez und Goya, während wir von dem zwar wilden, aber doch durch und durch kunstlosen El Greco beide in gleich großem Maße abgestoßen waren. Der *Herr Baron* war in den letzten Monaten seines Lebens tatsächlich nur noch ein Schatten von einst, wie gesagt wird und vor diesem Schatten, der mehr und mehr auch gespenstische Züge bekam, zogen sich mehr und mehr alle zurück. Und ich selbst hatte naturgemäß zum Schatten des Paul nicht mehr dieselbe Beziehung, wie zu dem Paul von früher. Wir sahen uns, allein, weil er oft tagelang nicht mehr aus seiner Stallburggassenwohnung herausgegangen ist, kaum mehr, hatten uns nur noch selten verabredet. Der Herr Baron war tatsächlich, wie gesagt wird, *erloschen.* Ein paarmal habe ich ihn, ohne daß er davon eine Ahnung hatte, in der Innenstadt beobachtet, wie er nur mühselig, fortwährend darauf bedacht allerdings, seine ihm angemessene Haltung zu bewahren, an den Wänden der Grabenhäuser entlang ging, auf den Kohlmarkt und bis zur Michaelerkirche und darauf noch in die Stallburggasse, tatsächlich und in dem ganz eigentlichen Sinn des Wortes nurmehr noch als der Schatten eines Menschen, vor welchem ich auf einmal Angst gehabt habe. Ich getraute mich nicht, ihn anzusprechen. Ich ertrug lieber mein schlechtes Gewissen als die Begegnung mit ihm. Ich beobachtete ihn und ging, mein schlechtes Gewissen unterdrükkend, nicht auf ihn zu, ich fürchtete ihn auf einmal. Wir meiden die vom Tod Gezeichneten und auch ich hatte dieser Niedrigkeit nachgegeben. Ich mied in den letzten Monaten seines Lebens meinen Freund ganz bewußt aus dem niedrigen Selbsterhaltungstrieb, was ich mir nicht verzeihe. Ich sah ihn von der einen Straßenseite aus auf der andern wie einen, der schon längst abgemeldet ist von der Welt, der aber noch immer gezwungen ist, auf ihr zu sein, der nicht mehr auf sie gehörte, aber doch noch in ihr zu sein hatte. An seinen abgemagerten Armen hingen *grotesk, grotesk,* Einkaufsnetze, in welche er sich Gemüse und Obst gekauft hatte, das er nach Hause schleppte, naturgemäß immer Angst habend, jemand könne ihn in seiner ganzen Erbärmlichkeit und Armseligkeit sehen und sich darüber Gedanken machen, aber vielleicht war es auch der ebenso peinliche Grund meinerseits, ihn von mir aus schützen zu wollen, der mich ihn nicht ansprechen ließ, der mich davor bewahrte, ihn anzusprechen, ich weiß es nicht, war es meine Angst vor dem, der eigentlich schon der Tod selbst gewesen war oder mein Gefühl, ihm die Begegnung mit mir, der ich seinen Weg noch nicht zu gehen hatte, zu ersparen, wahrscheinlich beides. Ich beobachtete ihn und schämte mich gleichzeitig. Denn ich empfand es als Schande, noch nicht am Ende zu sein, während der Freund es schon war. Ich bin kein guter Charakter. Ich bin ganz einfach kein guter Mensch. Ich zog mich von meinem Freund zurück wie seine anderen Freunde auch, weil ich mich wie diese, vom Tod zurückziehen wollte. Ich fürchtete die Konfrontation mit dem Tod. Denn *alles* an meinem Freund war schon der Tod gewesen. Ganz naturgemäß rührte er sich in der letzten Zeit nicht mehr, *ich* hätte mich zu melden gehabt, was ich auch tat, nur, ich meldete mich in immer größeren Abständen und mit immer neuen erbärmlichen Ausreden. Ab und zu gingen wir noch ins Sacher und ins Ambassador und natürlich, weil ihm das dann doch das Bequemste gewesen war, auch ins Bräunerhof. Ich ging, wenn ich nicht anders konnte, allein zu ihm, aber lieber mit Freunden, damit sie das absolut Fürchterliche, das jetzt von meinem Freund ausging, mit mir teilten, denn mit ihm allein hätte ich es nicht ausgehalten. Je unbarmherziger sein Verfall, desto eleganter war jetzt seine Kleidung gewesen, aber gerade diese kostbaren und gleichzeitig eleganten Stücke aus seiner Garderobe, die er von einem vor Jahren verstorbenen Fürsten Schwarzenberg geerbt hatte, machten den Anblick des schon beinahe ganz Ausgelebten zur Qual. Es war aber durchaus kein groteskes Bild, das er jetzt zeigte, sondern das erschütternde. In Wahrheit wollten auf einmal alle mit ihm nichts mehr zu tun haben, denn der, den sie jetzt manchmal noch mit seinen Lebensmittelnetzen in der Innenstadt gehen oder an einer Hausmauer völlig erschöpft stehen sahen, war ja nicht mehr derselbe, von dem sie jahrelang, jahrzehntelang angezogen gewesen, unterhalten und ausgehalten waren, der ihre stupide Langeweile mit seinen unerschöpflichen Narreteien aus aller Welt abzukürzen und mit seinen Witzen und Anekdoten ihrer wienerischen und oberösterreichischen Stumpfsinnigkeit *das* entgegenzusetzen hatte, zu welchem sie selbst niemals fähig waren. Die Zeit seiner absurden Reiseberichte aus aller Welt, sowie seiner rücksichtslosen Charakterisierung und also tatsächlichen Bloßstellung seiner ihn verachtenden, ja schließlich nurmehr noch hassenden Familie, die er selbst immer nur als ein unerschöpfliches Kuriositätenkabinett katholisch-jüdisch-nationalsozialistischen Inhalts bezeichnet hat mit der allergrößten Lust an Ironie und Sarkasmus, und mit allen seinen ihm angeborenen theatralischen Fähigkeiten, war endgültig vorbei. Was er jetzt manchmal noch da und dort zum besten gab, hatte nicht mehr den Hauch und den Duft der großen Welt, wie gesagt wird, sondern nurmehr noch den Geruch der Armseligkeit und des Todes. Seine Kleider, obwohl dieselben eleganten wie vorher, hatten jetzt nicht mehr die weltmännische und die in jedem Fall ehrfurchteinflößende Wirkung auf den Betrachter gehabt, sie war auf einmal tatsächlich abgetragen und dürftig wie alles, das er sich noch zu sagen getraute. Er reiste auch nicht mehr mit dem Taxi nach Paris, geschweige denn bis Traunkirchen oder Nathal, sondern war, nur in Wollsocken an den Füßen und mit einem kleinen Plastiksäckchen, in dem er seine schmutzigen Turnschuhe, die mit der Zeit seine Lieblingsschuhe geworden waren, verwahrte, in irgendein Zweiterklasseabteil in den Winkel gedrückt, gleich nach Gmunden oder Traunkirchen. Ein aus der Nachkriegszeit stammendes und schon beinahe ein halbes Jahrhundert aus der Mode gekommenes, dem Segelfanatiker aber auf den Leib geschneidertes, niemals mehr sauberes Polohemd hatte er bei seinem letzten Besuch in Nathal angehabt, dazu die schon erwähnten Turnschuhe. Er hatte jetzt, bei seinem Eintritt in den Hof in Nathal nicht mehr den Blick nach oben, sondern nurmehr noch nach unten gerichtet. Selbst die vergnüglichste Musik, die ich ihm vorgespielt hatte, ein böhmisches Bläserquintett, hatte ihn auch nur einen Augenblick aus seiner absoluten Traurigkeit befreien können. Namen tauchten immer wieder auf von Leuten, die ihn lebenslänglich begleitet, die sich jetzt aber schon lange Zeit von ihm zurückgezogen hatten. Es war aber auch kein tatsächliches Gespräch mehr zustande gekommen, er redete nurmehr noch in Satzfetzen, die beim besten Willen keinen Zusammenhang mehr ergeben konnten. Sein Mund war die meiste Zeit offen, wenn er sich unbeobachtet fühlte, seine Hände zitterten. Als ich ihn nach Traunkirchen zurückfuhr, auf *seinen* Hügel, umklammerte er wortlos sein weißes Plastiksäckchen mit ein paar Äpfeln, die er sich in meinem Nathaler Garten zusammengeklaubt hatte. Mir war auf dieser Fahrt eingefallen, wie er sich bei der sogenannten Uraufführung meiner *Jagdgesellschaft* verhalten hatte. Das Stück war, weil die *Burg* alle Voraussetzungen dafür geschaffen hatte, ein totaler Mißerfolg ohne Beispiel gewesen, weil die absolut drittklassigen Schauspieler, die darin aufgetreten waren, nicht einen Augenblick hinter meinem Stück gestanden waren, wie ich bald feststellen mußte, weil sie es erstens nicht verstanden und zweitens selbst ganz gering eingeschätzt haben und in ihm außerdem mehr oder weniger nur als eine Verlegenheitsbesetzung zu agieren gehabt hatten, was, wie ich weiß, nicht einmal nur indirekt ihre eigene Schuld gewesen war, nachdem der Plan, das Stück mit der Paula Wessely und dem Bruno Ganz, für die ich es ja geschrieben hatte, aufzuführen, gescheitert war. Die beiden agierten in meiner *Jagdgesellschaft* am Ende nicht, weil sich das Ensemble der *Burg,* wie sie liebevoll-pervers genannt wird, mehr oder weniger geschlossen gegen den Auftritt des Bruno Ganz auf dem Burgtheater gewehrt hat, sozusagen nicht nur aus Existenz*angst,* sondern gleich aus Existenz*neid,* denn der Bruno Ganz, der größte Schauspieler, den die Schweiz jemals hervorgebracht hat, hatte dem gesamten Burgtheaterensemble nichts anderes als eine von mir so genannte *künstlerische Todesangst* eingejagt, das ungeheure Theatergenie aus der Schweiz, und es hat sich tatsächlich als eine traurige, gleichzeitig widerwärtige Perversität der Theatergeschichte Wiens noch heute in meinem Kopf auch als eine nicht wieder gut zu machende Schande des ganzen deutschen Theaters die Tatsache festgesetzt, daß die Burgtheaterschauspieler damals einen Auftritt des Bruno Ganz sogar unter Abfassung einer schriftlichen Resolution und unter Drohungen gegen die Direktion, wie es hieß, *unter allen Umständen und mit allen Mitteln* zu verhindern trachteten und auch verhinderten, wie bekannt ist, denn in Wien entscheidet tatsächlich nicht, seit es das Theater gibt, der Direktor, sondern es entscheiden die Schauspieler, der Direktor vor allem des Burgtheaters, hat nichts zu sagen, die sogenannten *Lieblingsschauspieler* des Burgtheaters haben dort immer entschieden; nur diese *Lieblingsschauspieler,* die ohne weiteres als schwachsinnig bezeichnet werden können, weil sie einerseits von der Theaterkunst nichts verstehen, andererseits mit einer Unverfrorenheit ohnegleichen ihre Theaterprostitution betreiben zum Schaden des Theaters und zum Schaden des Publikums, muß ich sagen, das sich diese Burgtheaterprostituierten seit Jahrzehnten, wenn nicht seit Jahrhunderten, leistet und sich von ihnen das schlechteste aller schlechten Theater vorsetzen läßt; von diesen sogenannten Lieblingsschauspielern mit ihren berühmten Namen und mit ihrem debilen Theaterverstand, die sich allein durch die totale Vernachlässigung ihrer schaupsielerischen Mittel und durch das schamloseste Ausnützen ihrer Popularität sozusagen auf dem Gipfel ihrer Nichtkunst, einmal von dem durchaus stupiden Wiener Theaterpublikum auf den Popularitätsschimmel gesetzt, Jahrzehnte und meistens bis zu ihrem Tode, auf dem Burgtheater halten. In dem Augenblick, in welchem der Auftritt des Bruno Ganz durch die Gemeinheit seiner Wiener Kollegen unmöglich gemacht worden war, hatte sich auch die Paula Wessely, meine erste und einzige *Generalin,* aus dem Projekt zurückgezogen, und da ich aus dem auf die unsinnigste Weise mit dem Burgtheater geschlossenen Vertrag, die *Jagdgesellschaft* betreffend, nicht mehr herauskonnte, hatte ich schließlich eine Vorstellung als Uraufführung meines Stückes über mich ergehen lassen müssen, die ich doch nur als unappetitlich bezeichnen kann und die, wie ich schon angedeutet habe, *nicht einmal gut gemeint war,* wie so vieles und beinahe alles auf dem Wiener Burgtheater, denn diese absolut talentlosen Schauspieler, die die Hauptrollen spielten, verbrüderten sich beim geringsten Widerstand mit dem Publikum genau auf diese schamlose Weise, wie sich die Wiener Schauspieler insgesamt seit Jahrhunderten traditionsgemäß immer mit dem Publikum verbrüdern und gemein machen gegen das von ihnen gespielte Stück und gegen den von ihnen gespielten Autor, dem sie sofort und ohne geringste Skrupel in den Rücken fallen, wenn sie merken, daß das Publikum dieses Stück und diesen Autor schon in den ersten Augenblicken nicht haben will, weil es ihn und sein Stück nicht versteht, weil ihm Stück und Autor zu schwierig sind, denn die Wiener Schauspieler und vor allem die sogenannten Burgschauspieler, gehen nicht, wie es ganz und gar selbstverständlich wäre, wie sonst die Schauspieler in Europa, für einen Autor und sein Stück, ist es noch dazu ein neues, noch unerprobtes, wie gesagt wird, ins Feuer, sondern sie kehren dem Autor und seinem Stück augenblicklich den Rücken, wenn sie merken, daß das Publikum nicht gleich begeistert ist mit dem, was es nach dem Aufgang des Vorhangs zu sehen und zu hören bekommt. Sie machen sich augenblicklich mit dem Publikum gemein und prostituieren sich und machen die sogenannte erste Bühne des deutschen Sprachraums, wie sie sich selbst in infantiler Selbstüberschätzung nennt, zu dem allerersten Theaterbordell der Welt und machten es nicht nur an diesem verhängnisvollen Abend der Uraufführung meiner *Jagdgesellschaft* zu diesem. Diese Burgschauspieler hatten sich gleich nach dem Aufgehen des Vorhangs, wie ich von meinem Galerieplatz aus habe sehen können, weil es nicht sofort angekommen ist, wie gesagt wird, gegen mich und gegen mein Stück gestellt und haben also gleich gegen mich und mein Stück agiert und den ganzen ersten Akt so grob heruntergespielt, als seien sie sozusagen von Amts wegen dazu gezwungen, meine *Jagdgesellschaft* zu spielen, als wollten sie sagen, *wir sind ja gegen dieses scheußliche, minderwertige, abstoßende Stück,* nicht die Direktion, *die uns gezwungen hat,* in diesem Stück aufzutreten. Wir spielen dieses Stück, wollen aber damit nichts zu tun haben, wir spielen dieses Stück, aber es ist nichts wert, wir spielen dieses Stück, aber nur widerwillig. Augenblicklich hatten sie sich mit dem ahnungslosen Publikum gemein gemacht und mir und meinem Stück, wie gesagt wird, den Garaus gemacht und damit auch meinen Regisseur verraten und meiner *Jagdgesellschaft* mit der größten Unverschämtheit den Geist ausgetrieben. Ich hatte naturgemäß ein ganz anderes Stück geschrieben, als das, welches diese niederträchtigen Schauspieler und also Verräter ihrer Kunst, bei dieser Uraufführung gespielt haben. Ich hatte kaum den ersten Akt ausgehalten und war sofort nach dem Fallen des Vorhangs aufgesprungen und hinausgelaufen in dem Bewußtsein, wissentlich und auf die abstoßendste Weise betrogen worden zu sein. Schon nach den ersten Sätzen hatte ich gewußt, daß die Schauspieler gegen mich spielen und mein Stück vernichten werden, sie füllten es schon gleich in den ersten Minuten mit ihrer Nichtkunst und mit ihrem Publikumsopportunismus, sie verrieten mich und machten mein Stück, dem sie Geburtshelfer hätten sein sollen mit ihrer ganzen Leidenschaft, auf ihre schamlose Weise lächerlich. Als ich aus der Galerie hinaus und in die Garderobe gelaufen war, hatte die Garderobiere zu mir gesagt: *Es gefällt dem Herrn auch nicht, gelt!?* Wütend über meine perverse Dummheit, dem Burgtheater die *Jagdgesellschaft* zur Aufführung überlassen zu haben und über meinen stumpfsinnigen Vertrag, lief ich die Treppe hinunter und aus dem Burgtheater hinaus. Ich hätte keinen Augenblick länger in *dieser Jagdgesellschaft* sein können. Ich erinnere mich, daß ich vom Burgtheater weggelaufen bin, als wäre ich nicht nur aus der Vernichtungsanstalt meines Stücks, sondern aus der Vernichtungsanstalt meines gesamten Geistesvermögens davongelaufen und ich lief über den ganzen Ring und wieder zurück in die Innere Stadt hinein und war naturgemäß nicht in der Lage, mich in diesem von nichts als von Wut angetriebenen Hinundherrennen, zu beruhigen. Nach dem Ende der Vorstellung hatte ich mehrere meiner Freunde, die in dieser Aufführung gewesen waren, getroffen und sie alle hatten gesagt, es sei, so ihre eigenen Worte, *ein großer Erfolg* gewesen, es hätte am Ende *einen ungeheueren Applaus* gegeben. Sie hatten mich belogen. Ich wußte, es kann nur eine Katastrophe gewesen sein, denn ich habe immer einen guten Instinkt gehabt. *Ein großer Erfolg, ein ungeheuerer Applaus,* sagten sie fortwährend auch noch, als wir schon in einem Restaurant gesessen waren und ich hätte sie alle wegen ihrer Verlogenheit ohrfeigen können. Ja, sie lobten sogar die Schauspieler, obwohl diese die dümmsten und kunstlosesten gewesen waren, letzten Endes geradezu die Totengräber meiner *Jagdgesellschaft.* Der einzige, der mir die Wahrheit gesagt hat, war mein Freund Paul gewesen. Er klassifizierte die ganze Aufführung als ein totales Mißverständnis, sowie als völlig verunglückt und als eine typische Wiener Kulturunverschämtheit, als ein Paradebeispiel für die Niederträchtigkeit des Burgtheaters einem Autor und seinem Stück gegenüber. *Auch du bist ein Opfer des Schwachsinns und der Intrigen und der Hinterfotzigkeit auf dem Burgtheater geworden,* sagte er, *das überrascht mich nicht,* das solle mir eine Lehre sein. Wir verachten die naturgemäß, die uns belügen und wir verehren die, die uns die Wahrheit sagen. So war es ganz selbstverständlich, daß ich den Paul verehrte. Die Sterbenden ziehen den Kopf ein und wollen mit den Lebenden und nicht an den Tod Denkenden nichts mehr zu tun haben. So hatte der Paul seinen Kopf ein- und sich selbst zur Gänze zurückgezogen. Er wurde nicht mehr gesehen, es war nurmehr noch ab und zu nach ihm gefragt worden. Die gemeinsamen Freunde fragten mich, ich fragte sie, was der Paul mache. Ich hatte, genauso, wie diese Freunde, nicht mehr den Mut gehabt, ihn in seiner Wohnung aufzusuchen, also dachte ich, wenn ich unter seiner Wohnung im Bräunerhof meinen Kaffee getrunken habe, dort jetzt schon lange allein ohne ihn neben seinem leeren Platz sitzend und auf die Stallburggasse hinausschauend, das Bräunerhof auf einmal nicht nur wegen der Abwesenheit Pauls, sondern weil ich es jetzt auch ohne ihn *doch* immer wieder aufsuchte, doppelt hassend, daß ich möglicherweise in meinem ganzen Leben keinen besseren Freund gehabt habe, als den, der über mir in seiner Wohnung mit Sicherheit in einem erbarmungswürdigen Zustand in seinem Bett zu liegen hatte und den ich, ja tatsächlich aus Angst, mit dem Tod *unmittelbar* konfrontiert zu sein, nicht mehr aufsuchte. Ich drängte diesen Gedanken immer ab, schließlich *verdrängte* ich ihn. Ich beschränkte mich darauf, in meinen Notizen jene Stellen zu suchen, die sich auf den Paul beziehen und ihn mir aus diesen Notizen, die zum Teil über zwölf Jahre zurückliegen, wie ich jetzt sehe, gegenwärtig zu machen als den, den ich im Gedächtnis behalten wollte, *den Lebendigen, nicht den Toten.* Aber diese Notizen, die ich in Nathal und in Wien, in Rom und in Lissabon, in Zürich und in Venedig gemacht habe, erwiesen sich letzten Endes doch als nichts anderes, wie ich jetzt weiß, als eine Sterbensgeschichte. Ich hatte den Paul, so denke ich jetzt, genau da kennengelernt, von wo ab er ganz offensichtlich gestorben ist und ich hatte, wie diese Notizen beweisen, sein Sterben über mehr als zwölf Jahre verfolgt. Und ich hatte aus diesem seinem Sterben meinen Nutzen gezogen, ich habe es ausgenützt mit allen meinen Möglichkeiten. Ich bin im Grunde nichts anderes, als der zwölfjährige Zeuge seines Sterbens gewesen, denke ich, der aus diesem Freundessterben einen Großteil der Kraft für sein Überleben gezogen hat in diesen zwölf Jahren und der Gedanke ist nicht der abwegigste, zu denken, daß der Freund zu sterben hatte, um mir mein Leben, oder besser, meine Existenz auf jeden Fall erträglicher, wenn nicht über lange Strecken überhaupt möglich zu machen. Die meisten Notizen, die ich mir über den Paul gemacht habe, beziehen sich auf Musik und Verbrechen. Auf den Pavillon Hermann und auf den Pavillon Ludwig und auf das Spannungsverhältnis zwischen den beiden, auf den Wilhelminenberg, unseren Schicksalsberg und auf die Ärzte und die Patienten, die diesen unseren Schicksalsberg neunzehnhundertsiebenundsechzig bevölkert haben. Aber auch zu Politik, Reichtum und Armut hatte er Bemerkenswertes zu sagen gehabt aus seiner Erfahrung, die die Erfahrung eines Menschen gewesen war, der den allersensibelsten zuzurechnen ist, die ich in meinem Leben gekannt habe. Er verachtete die heutige Gesellschaft, die in allem und jedem ihre Geschichte verleugnet und die dadurch, wie er selbst sich einmal ausdrückte, *weder eine Vergangenheit, noch eine Zukunft* hat und die dem *atomwissenschaftlichen Stumpfsinn* anheimgefallen ist: er geißelte die *korrupte Regierung* und das *größenwahnsinnige Parlament* genauso, wie die den Künstlern und vor allem den sogenannten *reproduzie-*

renden Künstlern zu Kopf gestiegene Eitelkeit. Er stellte die Regierung und das Parlament und das ganze Volk und die schöpferische wie die sogenannte nachschöpferische Kunst und ihre Künstler in Frage, wie er sich selbst andauernd in Frage stellte. Er liebte und er haßte die Natur genauso wie die Kunst und er liebte und haßte die Menschen mit der gleichen Leidenschaft und Rücksichtslosigkeit. Er hatte die Reichen als Reicher und die Armen als Armer durchschaut, wie die Gesunden als Gesunder und die Kranken als Kranker, wie schließlich die Verrückten als Verrückter und als Wahnsinniger die Wahnsinnigen. Noch einmal, kurz vor seinem Tod, hatte er sich zum Mittelpunkt seiner schon Jahrzehnte vorher von ihm selbst und seinen Freunden gezeugten Legende gemacht: er war, ausgestattet mit einem geladenen Revolver, in höchster Erregung in das Juweliergeschäft Köchert auf dem *Neuen Markt* eingetreten, das einmal sein Elternhaus gewesen war und hatte, noch unter der Tür, wie berichtet wird, seinem hinter den Schmuckvitrinen stehenden Vetter Gottfried, dem damaligen wie auch heutigen Besitzer des Geschäfts, mit dem *sofortigen* Erschießen gedroht, sollte der sich weigern, *eine bestimmte Perle* herauszugeben. Der erschrockene Vetter Gottfried meines Freundes Paul soll, wie berichtet wird, in Todesangst die Hände gehoben haben, worauf mein Freund zu ihm gesagt haben soll: *Die Perle aus deiner Krone!* Alles war nur ein Spaß gewesen. Es sollte Pauls letzter gewesen sein. Der Juwelier und Vetter hatte den Spaß nicht verstanden, andererseits aber sofort erkannt, daß sein Vetter, wie gesagt wird, auf einmal wieder *unzurechnungsfähig* geworden, in eine Anstalt gehöre. Er hatte den, wie berichtet wird, *Tobenden* festhalten können und die Polizei verständigt, die ihn nach Steinhof gebracht hat. *Zweihundert Freunde werden bei meinem Begräbnis sein und du mußt an meinem Grab eine Rede halten,* hatte der Paul zu mir gesagt. An seinem Begräbnis hatten aber nur acht oder neun Leute teilgenommen, wie ich weiß und ich selbst war zu diesem Zeitpunkt auf Kreta gewesen, ein Theaterstück schreibend, das ich, als es fertig gewesen war, gleich wieder vernichtet habe. Er war, wie ich später erfuhr, nur wenige Tage nach dem *Überfall* auf seinen Vetter merkwürdigerweise nicht, wie ich zuerst geglaubt hatte, in Steinhof, seiner *eigentlichen* Heimat, so er selber, sondern in einem Linzer Spital gestorben. Er liegt, wie gesagt wird, auf dem Wiener Zentralfriedhof. Sein Grab habe ich bis heute nicht aufgesucht.